Karl Emil Franzos

Aus den Vogesen

Reise- und Kulturbilder

weitsuechtig

Karl Emil Franzos

Aus den Vogesen

Reise- und Kulturbilder

ISBN/EAN: 9783956560958

Auflage: 1

Erscheinungsjahr: 2013

Erscheinungsort: Bremen, Deutschland

@ weitsuechtig in Access Verlag GmbH. Alle Rechte beim Verlag und bei den jeweiligen Lizenzgebern.

weitsuechtig

Aus den Vogesen

Reise- und Kulturbilder

von

Karl Emil Franzos

Stuttgart und Berlin 1905
J. G. Cotta'sche Buchhandlung Nachfolger

Vorwort

Das Vorwort zur Ersten Reihe der „Deutschen Fahrten" unter dem Titel „Aus Anhalt und Thüringen" schließt mit den Worten:

„Dieser ‚ersten Reihe' meiner ‚Deutschen Fahrten' soll jedenfalls noch eine zweite, welche die Vogesen schildert, folgen. Ob eine dritte, hängt davon ab, wie lange ich mich noch an der Schönheit dieser Welt erfreuen darf.

Berlin, im Juni 1903. Der Verfasser."

Nun muß schon die zweite Reihe unvollendet erscheinen. Es fehlt etwa die Hälfte der geplanten Bilder, vor allem das der „Schlucht", zu dem eingehendste Studien gemacht waren. Am 28. Januar hat das Herz zu schlagen aufgehört, das eben so tief das Leid dieser Welt empfand, wie es dankbar ihre Schönheit genoß.

Berlin, im November 1904. Ottilie Franzos.

Inhalt

		Seite
I.	Über Heidelberg nach Straßburg	1
II.	Alt- und Neu-Straßburg	19
III.	Münster i. E.	56
IV.	Sulzbach	138

I.
Über Heidelberg nach Straßburg.

Da sitz' ich nun seit drei Wochen zu Münster im Elsaß, kenne jeden Winkel im Nest und mindestens jeden dritten Menschen, fühle mich zuweilen wie ein richtiger Münsterer — und knapp eh' ich hierherkam, wußt' ich nur so beiläufig, daß es auch im Elsaß einen Ort dieses Namens giebt. Ohne vorgefaßten Plan bin ich ins Land, und gar nur deshalb, weil man doch irgendwo sein muß, in dies Städtchen geraten. Mich wundert das nicht, ich bin solche Art des Reisens seit Jünglingstagen an mir gewohnt. Nur darf man nicht etwa glauben, ich wäre in meiner Ferienzeit ein Blatt im Winde, das sich beliebig dahin oder dorthin wehen läßt. Planvoll reise auch ich; nur ist's eben täglich ein neuer Plan. Im Ganzen betrachtet, mag es wohl unvernünftig erscheinen, aber im Einzelnen ist's sehr vernünftig. Wie ich z. B., um nur das Letzte zu erzählen, aus einem thüringischen Waldthal plötzlich in den Vogesenwald gekommen bin, ist eine etwas ver=wickelte Geschichte, aber im Einzelnen eine Geschichte voll Logik und kalter Raison.

Und zwar war das so. Jenes thüringische Thal

war das des Rottenbachs, wo sich die herrliche Klosterruine Paulinzelle erhebt. Nächst dem Heidelberger Schloß hat mich keine Ruine deutscher Erde so entzückt — mußt' ich da nicht ans Schloß im Neckarthal denken? Und wessen Herz wäre nicht der Sehnsucht voll, es wiederzusehen, wenn er d'ran denkt?! Nun kam aber noch was andres hinzu. Weil ich mir den schönen Säulenbau zwei Tage lang ansah, hielten sie mich dort für einen Baumeister, der gesendet sei, die Ruine fein wieder auszubauen, denn es wird jetzt in Deutschland so viel Geld dran gewendet, aus schönen Ruinen fragwürdige Ganzbauten zu machen, daß selbst die Bauern im Rottenbachthal davon schon gehört haben. Nun, vor mir ist ja Paulinzelle sicher, und vor wirklichen Baumeistern auch, aber von der Heidelberger Ruine ist ja leider nicht das Gleiche zu sagen.

Eine Schar amtlich berufener Architekten verkündet immer wieder, daß das Schloß unter allen Umständen ausgebaut werden müsse, und ob all' das Vernünftige, was das ganze Deutschland dagegen sagt, den Plan aus der Welt schaffen kann, steht noch nicht fest. Denn das ganze Deutschland hat hier nur eben eine Meinung, das Amt aber haben jene Herren. Wie, dacht' ich, wenn du in einigen Jahren nach Heidelberg kommst und findest den Otto Heinrichs-Bau mit blanken, neuen Giebeln, blinkenden Fenstern, einem schönen Dach, die Fassaden nur so blitzend vor Sauberkeit — ob nun mit oder ohne konservierenden Ölanstrich, aber jedenfalls so funkelnagelneu, daß du vor Wonne darüber aus der Haut fährst! Dazu drinnen statt der grauen verwitterten Säle, der zerfallenen Hallen, in die der blaue Himmel guckt, stilvolle Gemächer mit allerneuester Renaissance-Einrichtung aus den feinsten Münchener und Berliner Kunstmagazinen, auch ditto Renaissance-Öfen nach den besten Mustern, heizbare Öfen, in schöne, hohe, blütenweiße Kamine mündend, die weithin ins Neckarthal gleißen — ach, was wird das stilvoll und herzerquicklich sein! Eile dich und sieh es noch einmal so, wie du es seit deiner Jugend nun ein Dutzend Male mit immer gleichem Entzücken gesehen hast! Wer das keinen ausreichenden Grund dafür findet, daß ich von Paulinzelle in einem Zuge nach Heidelberg fuhr, dem ist mit Logik überhaupt nicht beizukommen.

Das heißt — beinahe in einem Zuge. Ich wollte es ja diesmal so machen wie die Zielbewußten, die wie ein Pfeil an ihr Ziel sausen und für Alles, was von Schönheit an ihrem Wege liegt, blind sind, aber gegen seine Natur kann kein Mensch was, und ich bleibe auf Reisen, was der alte Vischer ein „Ständlemännle" nannte, und mache Stationen. In Arnstadt zwar widerstand ich der Versuchung, statt aus einem Zug in den andern lieber ins Städtchen zu gehen und mir die schöne Liebfrauenkirche anzusehen, deren gotische Türme über dem romanischen Schiff mir vorhin verlockend ins Coupé gewinkt hatten. Auch in Oberhof blieb ich im überfüllten Coupé, obwohl die tannenwürzige Luft, die zum Fenster eindrang, sehr verständig mahnte: „Bleib' doch lieber einige Tage auf unserer schönen Höhe, statt mit sechs wohlbeleibten Zukunfts-Kissingern in stickiger Luft ins Flachland zu faufen." Einige Stunden später aber, wo sich die Sechs längst empfohlen hatten, in Würzburg, war ich richtig draußen.

Das hatte aber seine guten Gründe; an Würzburg kann ich nie vorbeifahren. Erstlich des vielen alten lustigen Rokoko und zweitens eines mir teuren, wenn auch traurigen Menschen wegen. Über das Erste wäre, wenn ich überhaupt davon anfinge, sehr viel zu reden; ich begnüge mich also, jedem, der an diesem Stil Freude hat, zu sagen, daß er hier des Freuens gar kein Ende findet; ist er mit den großen Sachen, der Residenz und der Neumünster= und der Peterskirche fertig, so fängt erst auf Schritt und Tritt die Freude im Kleinen an, denn so unzählige schöne Sachen: Fassaden, Erker, Portale, Statuen, Kandelaber, wie man sie hier findet, mag man in Deutschland lange suchen. Hat derlei hier überhaupt einen Namen, so geht's unter dem des Tilman Riemenschneider, des großen Meisters, den sie jetzt neben Walther von der Vogelweide und Mathias Grünewald auf den Franconia=Brunnen am Residenz= platz gestellt haben; in Wahrheit ist natürlich das Wenigste von ihm und dies selbstverständlich nicht Rokoko, aber ein Tröpflein seines ehrlichen Künstlerbluts war doch in all den Steinmetzen und Holzschnitzern, die der Stadt diesen fromm=fröhlichen Schmuck geschaffen haben. Was aber jenen mir teuren Menschen betrifft, so lernte ich ihn in der traurigsten Zeit meines Lebens kennen; mit der Juristerei war's aus, und von meiner Schrift= stellerei wollten die Leute noch nichts wissen; darum verdingte ich mich, um leben zu können, als Reporter und kam im Spätherbst 1874 zum Prozeß Kullmann hierher; so hieß der Böttchergeselle, der einige Monate zuvor in Kissingen auf Bismarck geschossen hatte. Der armselige verhetzte Tropf war die endlosen Telegramme nicht wert, die um seinetwillen in aller Herren Länder gingen; hatte ich meine paar tausend Worte glücklich zum Amt gebracht, so saß ich zur Erholung allein im Theater-Restaurant, bis ich einen Gefährten fand. Auch er saß immer allein hier und las an demselben Tisch dieselben Zeitungen, denn er war ein wenig pedantisch, trotz seiner jungen Jahre, hatte auch ein altes, sorgenvolles Gesichtchen, dazu einen dürftigen Rumpf und ganz kurze Beine — aber innerlich war das ein Prachtkerl: geistvoll, frisch, liebenswürdig und gut — so gut! Freilich, damals war er auch glücklich, ein junger Anwalt, dem Alles gedieh, und hatte eine Braut, um die ihn viele beneideten, ein ganz armes, aber sehr schönes Mädchen. Mir wurde bang, als er mir einmal ihr Bild zeigte — die stolze, üppige, hoffärtige Schönheit schien mir schlecht für ihn zu taugen. Er aber war ja guten Muts, und so war ich's auch für ihn; weit mehr Grund hatte er zur Sorge um mich. Sechsundzwanzig war ich und hatte was gelernt, auch schon viel geschrieben — und wie weit war ich noch von einem bischen Erfolg, geschweige denn einem sichern Stück Brot. Wenige haben mich damals ermuntert und vollends keiner aus so teilnahmsvollem Herzen heraus wie er. Einige Monate später schickte er mir seine Vermählungsanzeige, und nun hörte ich an die zehn Jahre nichts mehr von ihm. Da schrieb er mir eines Tags einen langen Brief über meine Bücher — ordentlich wie ein Bruder freute er sich des bischen Sonnenscheins, das nun auf meinen Weg gefallen war. Er sitze, schloß er, noch immer allabendlich im Theater-Restaurant am selben Tischchen; ob ich nicht wieder einmal kommen und ihm Gesellschaft leisten wolle. Das fiel mir auf, er war ja verheiratet; aber erst ein Jahr darauf, als wir endlich wieder dort beisammensaßen, erfuhr ich die traurige Geschichte: nach sechs Wochen hatte ihn das schöne, schlechte Geschöpf betrogen, und er war wieder allein. Aber gut war er auch nun, im Unglück genau so wie einst im Glück, und das will was sagen. Dann war ich noch zwei Male in Würzburg, trieb mich des Tags auf den Straßen und in den Museen herum und saß abends bei ihm. Das letzte Mal hatte ich mich nicht angesagt und mein Lebtag vergeß ich nicht, wie die trüben Augen in dem früh verrunzelten Gesicht sich erhellten, als er mich beim Eintritt plötzlich dasitzen sah. So wollte ich's auch diesmal halten, sogar noch schlauer; ich setzte mich an ein anderes Tischchen in der Ecke und harrte seines Eintritts. Als es sieben geschlagen hatte, sah ich nach der Thüre, ganz verwundert, daß er nicht kam, so pünktlich war er sonst. Aber es schlug halb acht und acht, und sein Platz war immer noch leer. Da fragte ich den Kellner, ob der Doktor Soundso etwa krank sei. Darauf er: nein, dem fehle nichts mehr, der sei seit einem halben Jahr tot. „Er war ein guter Mann", fügte er bei. Ja, das war er, und mir war er mehr ... Nun schien mir plötzlich alles lustige Rokoko in Würzburg nicht mehr lustig genug, seinetwegen allein dazubleiben, und ich ging zum Bahnhof und fuhr mit dem Nachtschnellzug nach Heidelberg.

Am nächsten Morgen war ich auf dem Schloßberg. Gottlob, der Otto Heinrichs=Bau war noch schön, auch noch eine Ruine, kein Fenster war ein= und kein Dach aufgesetzt und auf dem Dach kein schöner, weißer Kamin. Aber auf dem Friedrichsbau, da — ich traute meinen Augen nicht — da ragten wirklich die neuen häßlichen, weißblinkenden Schlote, wie ich sie bange geahnt, denn der Friedrichsbau war bereits restauriert. Freilich zum Glück nicht ganz so energisch, wie es der kühne Bauleiter geplant hatte, und — o Jammer! — selbst die hohen weißen Schlote, die seinen Ruhm fernen Geschlechtern verkünden sollten, wurden eben geschwärzt; es mußte sein, die undankbare Mitwelt schimpft gar zu vernehmlich ... Diese Geschichte von der ge= schwärzten Kamin=Unsterblichkeit ist ja lustig genug, und auch sonst könnte selbst ein Misanthrop nicht ernsthaft bleiben, wenn er sich hier, auch vom Großen abgesehen, so im Einzelnen ausmalte, wie herrlich Alles aussähe, wenn man den kühnen Mann die Ruine in Grund und Boden hinein retten ließe. Die Elisabeth=Pforte z. B., wo heute der Epheu, von Menschenhand gezogen, das Gestein so schön umspinnt, daß man nirgendwo den Verfall sieht und doch den wehmutsvollen Eindruck einer Ruine hat — wie schön wird sie sein, wenn man den Epheu entfernt und mitten in das graue bröckelnde Gestein zur Ausfüllung neue Quadern setzt! Dann die Brunnenhalle mit den Syenitsäulen; die Säulen sind ja beschädigt und dürfen es sein; seit mehr als einem Jahrtausend thun sie ihren Dienst, zuerst zu Ingelheim, dann hier; oh, wie wird das herrlich sein, wenn man die Säulen Karl des Großen endlich fein glatt poliert! Was aber soll mit dem „Gesprengten Thurm" geschehen und was mit dem „Dicken Thurm"? So sehr man sonst die Verwüstung beklagt, hier preist man sie, denn so — halb in Trümmern — ist das plumpe Gemäuer unserm Blick erträglich; ausgebaut müßte es geradezu häßlich aussehen. Indes, muß jener Kühne schon ein Objekt zum Ausbauen haben, so gönnte ich ihm gern den „Dicken Thurm", — den Otto Heinrichs-Bau jedoch müßte er fahren lassen. Aber das Projekt wird ja ernst genommen — also ein ernstes Wort. Es wäre die größte Geschmacklosigkeit aller Zeiten und eine Barbarei dazu. Freilich: „sonst" — wird gezetert — „ist die Ruine verloren". Man muß nicht aus Paulinzelle kommen, um dies zu bezweifeln; es giebt ältere Ruinen in Deutschland, aber namentlich auch unter dem weit rauheren Himmel Englands, die prächtig erhalten werden. „Aber wir sind die Sachverständigen," rufen uns die Herren an, „Ihr die Laien!" Nun, es giebt auch Sachverständige genug, die mit uns stimmen. Und würdet Ihr uns beweisen, daß sie nichts verstehen und Ihr Alles, Ihr hättet uns nicht überzeugt, auch dann würden wir sagen: „Wie die Götter wollen! Wir sind nur Menschen und leben auf einem Gestirn, das auch nicht ewig sein wird! Kann der Otto Heinrichs-Bau nicht als das bestehen, was er jetzt ist, die herrlichste Ruine Deutschlands, so mag er vergehen. Aber daß er zu einem mühselig vernewerten Paradigma der Kunstgeschichte, Stil: deutsche Frührenaissance, wird — und fraglich ist, ob Ihr auch nur das leisten könntet — das wollen wir nicht, davon haben auch unsere Urenkel nichts, gar nichts. Denn den Eindruck, den wir hatten, haben sie nicht, auch wenn Euer Bau wieder in Trümmer sinkt. Sucht Euch andere Stätten, unsterblich zu werden. Hier ist kein Ruhm zu holen, als der eines Melac im Erhalten!"

Es kommt aber, sagt man, zuweilen vor, daß auf Erden die Unvernunft siegt; darum freut' ich mich an jenem Tage des liebvertrauten Anblicks, als wär's zum letzten Mal, und mußte dabei immer des Tags gedenken, da ich's zum ersten Mal gesehen. Das war im Mai 1872, auf der Heimkehr von meiner ersten Reporterfahrt, die zugleich meine fröhlichste geblieben ist, von der Eröffnung der Straßburger Hochschule — ein wunderschöner Lenztag, Sonnenschein und Finkenschlag überall, auch im jungen, damals noch so tapferen Herzen. Das Gemüt hat ein gutes Gedächtnis, ein besseres als die Augen — ich wußte, während ich nun mit ergrauendem Haar dieselben Pfade ging, noch ganz genau, wie damals Alles war. Der Friedrichsbau war noch nicht so fein zugestutzt wie jetzt, und die städtische Altertümer-Sammlung, die schon drin war, gehörte noch einem Herrn v. Graimberg, aber die Ruine war dieselbe geblieben, ja sogar der Text, mit dem die Aufseher ihre Herde während des Dauerlaufs von einem Saal in den andern erbauten; und vor dem hölzernen Perkeo neben dem großen Faß hörte ich, weiß der

Himmel, dieselben Witze wie einst. Auch die Kutscher vorm Schloßthor neckten sich nicht feiner und die Fremdenführer waren nicht bescheidener und die vielen ältlichen Engländerinnen nicht dicker und schöner geworden. Dann ging ich weiter, auf die große Terrasse, und fand auch hier das Bild kaum geändert. Unten die liebe alte Stadt, zwischen Berg und Fluß geschmiegt, zwischen dem ehrwürdigen Grau viel Rot der Dächer und Grün der Bäume, dann die beiden Neckarbrücken und auf dem Fluß kein Kahn — der alte Matthäus Merian, der 1620 dies Landschaftsbild in einem herrlichen Stich festgehalten hat, war ein Phantast, als er hier eine ganze bewimpelte Flottille anbrachte, aber alles andere gab er treu wieder; auch das langgestreckte, niedrige Inselchen hat noch keines seiner Eckchen verloren. Nur kann man hier heute daneben Vieles sehen, was selbst vor dreißig Jahren noch nicht da war, geschweige denn zu dieses Künstlers Zeiten: unten die elektrische und den Berg empor die Drahtseilbahn und mehrere Fabrikschornsteine, die fleißig qualmen. Aber wenn der brave alte Merian darüber Neid empfindet, so mag er sich trösten; dafür hat er das Schloß ganz gesehen ... Als ich vor 30 Jahren hier stand, trat ein kleines, altes, dürftiges Männlein auf mich zu und hielt mir ein langes schwarzes Ding hin und fragte mit zitterndem Stimmchen, ob ich nicht Mannheim sehen wollte, es koste nur einen Groschen. So viel war mir Mannheim wert, und ich guckte hinein, sah aber den Dunst der Ebene und sonst nichts. Und jetzt — mir wurde ganz sonderbar zu Mut — sagte plötzlich neben mir die dünne, zittrige Greisenstimme: "Wolle Se net bis Mannem sehe; 's kost nur zwei Grosche" — und er war's und hielt mir das lange schwarze Ding hin. Nun, es wird wohl ein anderer gewesen sein, aber der Erinnerung wegen und weil ich die Verdoppelung des Preises während eines Menschen= alters bescheiden fand, guckte ich hinein, sah aber wieder nichts als Dunst. Und aber nach dreißig Jahren — aber was red' ich da — ich bin nicht Chidher, der ewig junge, leider nein!

Als ich vom Aussichtspunkt weiter ging, stieß ich auf etwas, wovon damals selbst wir jungen Leute, die den Dichter so verehrten, uns nicht träumen ließen, auf das Scheffel=Denkmal. Kein Wunder, er war noch in unserer Mitte, frisch und rüstig, kaum sechsund= vierzig — in Straßburg hatte ich ihn eben zum ersten Mal im Leben gesprochen. Am 1. Mai 1872, beim Festmahl im großen Saal der "Réunion des Arts", flüsterte mir der junge Gelehrte, der neben mir saß und auch eine Zeitung bediente, Professor Woltmann aus Karlsruhe, zu: "Da ist Scheffel!" Eine derbe, festgefügte Gestalt mit lebhaft gefärbtem Gesicht; etwas Ursprüngliches, Eckiges war in der ganzen Erscheinung; man hätte auf einen Förster in ungewohntem Frack raten mögen. Dem widersprach freilich bei näherem Besehen der sinnende Ausdruck der Züge, der ver= schleierte Blick; er sah doch aus wie das, was er war, ein Dichter und Träumer. Er saß an derselben Tafel wie wir, uns schief gegenüber; in den Pausen, wo ich nicht stenographieren mußte, guckte ich immer nach ihm hin, er sprach wenig, trank aber fest. Das Mahl währte mächtig lange, und geredet wurde mächtig viel; da erhob sich Scheffel und begann auf und nieder zu gehen, trat auch an Woltmann heran, den er kannte. „Viele rede," hörte ich ihn sagen, „einige schwätze sogar." Da begann wieder einer, wohl auch ein Schwabe — „Schwingt den Hammer des deutschen Geischtes, schwingt, bisch der Mantel schpringt!" zitierte er; der deutsche Kern in seinen elsässischen Landsleuten sei nur durch eine „Chruschte" verhüllt. Ein Elsässer also — aber wie hieß er? Ich wandte mich an meinen Nachbar zur Linken, einen preußischen Professor: „Bitt' schön, wer is das?" — er wußte es nicht. Darauf Scheffel, der hinter mir stand: „Graf Dürckheim = Montmartin," und dann neckend: „Bitt' schön, wohl ein Österreicher?" Ich bejahte, worauf er: „Studente oder Schurnaliste?" — „Beides," antwortete ich. — „Na, wenn nur da der Eine den Andern nit totschlägt!" Nun, etwas von Beiden bin ich dann doch mein Leben lang geblieben, obwohl ich ein Drittes wurde.

An diese Stunde dachte ich, als ich vor seinem Denkmal stand. Mir hat's im ganzen sehr gefallen und der starke Realismus, den Andere tadeln, hat mich nicht gestört. Der Künstler, Adolf Heer, hat Scheffel stehend hingestellt, als Wanderer, der eben wieder einmal ins Neckarthal will, das zu seinen Füßen liegt: in hohen Stiefeln und Lodenrock, die Reisetasche umgehangen, den Schlapphut in der Hand. Diese Tasche ist aus altem Leder und hat verschlissene, verbogene Ränder, der Loden ist gleichfalls arg abgenutzt,

auch für den Schlapphut aus Filz gäbe kein Tröbler
fünf Groschen und die Stiefel sind zwar ganz, aber
ausgetreten und miserabel geputzt. Ich gebe zu, derlei,
wie es Heer gethan, in Erz nachzubilden, gehört gewiß
nicht ins Gebiet der großen Kunst; meinetwegen mag
man's eine virtuos durchgeführte, aber nicht ganz ge=
schmackvolle Spielerei nennen. Darauf jedoch kommt
es ja nicht an, sondern auf den Eindruck der Gestalt:
sie ist in der Haltung vortrefflich und charakteristisch,
die Züge — Scheffel ist hier allerdings jünger dar=
gestellt, als ich ihn gekannt habe — sehr ähnlich,
namentlich jener sinnende Ausdruck prächtig heraus=
gearbeitet. Die Reliefs hingegen sind nur eben leid=
lich, eines, „Jung Werners Ausritt" nicht einmal dies:
mit verhängten Zügeln sprengt der Reiter in einen
Baumstamm und die scharfe Umrandung des Reliefs
herein; man denkt unwillkürlich: O weh! im nächsten
Augenblick wird's dem armen jungen Menschen übel
ergehen.

Ich ging weiter, fuhr dann zur „Molkenkur"
empor, fand oben sogar Bekannte, mit denen ich lange
plauderte, aber die alte Zeit ließ mich nicht wieder
los. Was waren das für herrliche Tage im grauen,
winkligen, damals noch halb zerschossenen Straßburg,
herrlich und dabei der seltsamsten Eindrücke voll. Vor
meinen Augen stand wieder das Münster, das sie eben
zurechtflickten, und der Schloßhof mit dem Zeltdach, wo
sie die alte Hochschule zu neuem Leben weckten, und
der breite Broglieplatz, wo uns die Straßburgerinnen
in Trauerflor vor die Füße spieen, wenn sie uns

deutsch reden hörten... Wie sah die Stadt nun aus und welcher Geist lebte in ihr?! Zweimal hatte ich seitdem auf der Reise von Berlin in die Schweiz hier übernachtet, das war alles — und auch diesmal hatte mir dunkel vorgeschwebt, mich auf einen Schweizer Berg zu setzen, wenn mir nichts Besseres einfiele. Nun aber wußte ich Besseres, noch mehr — nach Straßburg, das war das einzig Vernünftige, das mußte sein.

Wär's nicht Heidelberg gewesen und schönes Wetter, ich wäre sofort gegangen. Im Sonnenschein von Heidelberg zu scheiden, ist ganz unmöglich. Am dritten Tage jedoch regnete es — und da fuhr ich nach der „wunderschönen Stadt".

Aber so jung und enthusiastisch ich war, als ich Straßburg zum ersten Mal sah, mit dem Beinamen des Volkslieds konnt' ich's nicht nennen. Wunderschön erschien mir nur das Münster, schön einzelne Kirchen und Häuser, das Stadtbild aber merkwürdig, überraschend, sogar ergreifend, nur eben nicht schön. Zunächst begriff man's gar nicht; zweihundert Jahre war Straßburg bei Frankreich gewesen, und sah noch so deutsch, so urdeutsch aus, wie wenige Städte im Herzen des Reichs. Die engen, krummen, winkligen Straßen mit den unzähligen Sackgäßchen und Durchgängen, die langen Reihen alter grauer Giebelhäuser, die einen mit durchgehenden Erkern, die andern ein Geschoß über dem andern vorspringend, daß die Straße unten eng genug, das Band des Himmels über ihr gar nur ein schmaler Streifen war; die uralten „Lauben", überdeckte, durch Bogen und Pfeiler von der Straße geschiedene Gänge, in denen die Kaufläden lagen; die unzähligen Wahrzeichen über den Hausthüren, Inschriften, fromme und derbe Bildchen, wohin man blickte — dies alles gab das Bild einer kleinen alten Stadt jenseits des Rheins, in Schwaben oder der Pfalz, nur daß es hier eben sehr viele Straßen, sehr viele Häuser und sehr viele Menschen gab; gleichsam eine große Kleinstadt, auch darin, daß einem unwillkürlich die ungeheure Menge von Lädchen und das Fehlen großer Läden auffallen mußte, die Unzahl von Handwerksschildern und der Mangel an Fabriken. Daß man eine altberühmte Stadt von über 80,000 Einwohnern durchschritt, merkte man außer dem Münster und einigen andern stolzen Bauten nur daran, daß die Häuser offenbar überfüllt waren; die Stadt war eben durch die Wälle eingeschnürt, die Häuser der Krämergasse rückten dem Münster hart an den Leib; nur auf dem Broglieplatz gab's etwas Luft und Licht. An eine französische Provinzstadt aber erinnerte nichts als, selten genug, ein Denkmal oder ein Haus und auf Schritt und Tritt nur die Sprache vieler Leute.

Ja, viele waren's, aber doch nur eine nicht allzu stattliche Minderheit. Die unteren Sechzigtausend, vom Kleinbürger bis zum Arbeiter, sprachen nur ihr „Dütsch" und einige Brocken französisch; die mittleren Neunzehntausend sprachen zu Hause dütsch, unter einander deutsch oder französisch, wie's eben kam, auf der Straße aber, wenn ein „Schwow" in Hörweite war, immer französisch; die obersten Tausend nur mit dem Gesinde dütsch, sonst stets französisch. Das Hochdeutsche war nur einem winzigen Häuflein strenggläubiger Protestanten (neben dem Französischen) Umgangssprache; der ungeheuren Mehrheit war es eine fremde, aus ihrem „Dütsch" heraus freilich leicht verständliche, jedoch verhaßte Sprache. Aber die Sprache allein charakterisiert ja den Menschen nicht, sondern auch sein Typus, und das waren urdeutsche Leute; natürlich keine reinblütige Rasse — wo gäb' es die?! — aber eben Mischlinge zwischen Germanen und Kelten, wie so viele ihrer Vettern in Süddeutschland; romanisches Blut war nicht in ihnen; man hätte sie nicht bloß hier, sondern auf jeder Insel der Südsee und nun gar in Paris als Deutsche erkennen müssen...

Das war der Gegensatz, der einem damals je nach der Weltanschauung so tragisch oder so komisch erscheinen, aber jedenfalls in Auge, Gemüt und Phantasie dringen mußte: diese urdeutschen Leute in der urdeutschen Stadt waren von kochendem Haß gegen alles Deutsche erfüllt. Auch dies war auf Schritt und Tritt zu erkennen. Der Haß äußerte sich so drastisch, oft auch so kleinlich, daß man immer wieder darüber lächeln mußte, aber die Gründe der Erscheinung gaben ihr den Stempel des Tragischen. Eben die richtige Tragikomödie: die Elsässer haßten Deutschland, weil sie so echte Deutsche waren, weil Trotz und Treue so tief im deutschen Volksgemüt wurzeln. Noch sah man damals die Spuren der sechswöchigen Belagerung: das Münster beschädigt, die „Aubette" mit ihren Gemälden und Skulpturen, die „Neue Kirche" mit der Stadtbibliothek, das Theater und die Präfektur Ruinen, das

Viertel ums Steinthor ein Trümmerhaufe. Ich war von Wien her an einen Straßburger Prediger, einen Elsässer, empfohlen, der damals seiner Deutschfreundlichkeit wegen bei den eigenen Landsleuten geradezu verfehmt war; er war beim Kommers mein Tischnachbar; als nun ein junger Redner meinte: die Elsässer würden sehr bald das milde Licht der deutschen Wissenschaft schätzen lernen, flüsterte mir dieser Mann bitter zu: „Feuerbomben geben einen noch grelleren Schein, der blendet für lange — und gar so finster war's bei uns früher auch nicht." Auch daran lag's — das Elsaß hatte sich als Provinz eines Kulturstaats, wie es Frankreich so lange, eines so mächtigen Staats, wie es bis 1870 war, wohl befunden. Aber nicht daran allein, auch die Treue sprach mit. Als Straßburg, vom kurzsichtigen Kaiser um seines Lutherglaubens willen bedrängt, vom Reich verlassen, sich 1681 Ludwig XIV. ergeben mußte, „weil", wie es in der letzten Resolution des Rats mit dem Lakonismus der Verzweiflung hieß, „vor dießmahl kein Mensch es retten wolle und könne", da machte es zweifellos einen guten Tausch: es war des Verbands mit einem besiegten ohnmächtigen Staat ledig und kam an einen siegreichen starken Herrn. Dennoch war der „Welsche" durch länger als ein Jahrhundert ein Fremder, ja, ein Feind; noch 1789, wo sie endlich reden durften, stellten die Vertreter des Elsaß die Forderung, als „wirklich fremde Provinz" der Blutsteuer überhoben zu sein und sich selbst zu verwalten; erst im Gluthauch der großen Revolution schmolz es mit Frankreich zusammen. Und nun, wo sie politisch so gute Franzosen geworden, wie sie bis 1681 gute Deutsche gewesen, mußten die Elsässer wieder tauschen, und abermals war's ein guter Tausch; das starke, siegreiche Deutschland hatte mehr zu bieten als das zerrüttete, besiegte Frankreich, aber „der Schwow" war ein Fremder, ein Feind; sie empfanden nach 1870 wie einst nach 1681. Die Frage war nur: wie lange? — und wann wurden sie wieder gute Deutsche?!

In der Stimmung jener Festtage hörte man sehr optimistische Antworten, aber Moltke meinte, erst nach einem halben Jahrhundert werde man da Freudiges erleben. Nun waren's erst dreißig Jahre — wie stand's jetzt darum? Und welche Wandlungen hatte das Stadtbild erfahren?!

Die alten Erinnerungen aufzufrischen und mir Antwort auf diese Fragen zu suchen, war ich nun in Straßburg. Aber das Erste gelang mir besser als das Zweite, und die Wandlung im Stadtbild wieder ist leichter zu fassen als die in der Volksstimmung. Zudem bin ich nur vier Tage dort geblieben. Die Facetten-Augen der Insekten, sagen die Naturforscher, sehen im Fluge besser als in der Ruhe, aber mit unsern Menschenaugen ist's anders. Und darum bescheide ich mich und will im nächsten Aufsatz nur anspruchslos einige Eindrücke geben.

II.

Alt- und Neu-Straßburg.

Berlin ausgenommen, kenne ich keine Stadt im Reich, die sich seit einem Menschenalter so gewandelt hätte wie Straßburg. Aber Berlin ist nur eben aus einer unhistorischen, großen, armen eine ebensolche riesige, reiche Stadt geworden; der Grundcharakter ist derselbe geblieben. Anders hier; das alte, nicht überall schöne, aber im Charakter merkwürdig einheitliche Straßburg ist heute ein Gemisch von Alt und Neu; daneben ist im Norden und Osten eine gewaltige, im guten wie im unguten Sinn des Worts moderne Stadt erstanden; mehr als den Namen haben beide nicht gemein.

Natürlich galt mein erster Gang dem Münster. Noch ragt es „herrlich wie am ersten Tag", trotz der Buntheit im Stil an Schönheit der einzelnen Teile, an malerischem Reiz von keinem Dom der Welt übertroffen; noch übt das Innere durch die Größe und den Adel aller Maße, den rosigen Ton des Vogesensandsteins denselben licht-feierlichen Eindruck; noch ist der krähende Hahn der astronomischen Uhr um Mittag die Wonne aller Fremden und Taschendiebe; noch immer überblickt man von der Plattform ein gewaltiges Stück

deutscher Erbe. Aber das Stadtbild unten ist ein ver=
ändertes; in dem einstigen eintönigen Grau der Altstadt
schimmert viel neues Weiß; wo sich einst gegen Osten
der Festungswall erhob, hinter ihm das kahle Feld
dehnte, gleißt nun im Sonnenschein eine Stadt wie
von lauter Palästen; der Wall ist gesunken, aber weit
draußen ragt auf mehr als eine Meile Entfernung ein
neuer, von einem der vierzehn Riesenforts zum andern
gespannt; Straßburg ist noch immer, nun erst recht,
eine gewaltige Festung. Liebevoll wird das Münster
erhalten und neu geschmückt: das Kreuz über der Turm=
laterne, das ein Schuß 1870 schief legte, ragt längst
wieder aufrecht; der Vierungsturm ist stilvoll abge=
schlossen, das Chor mit hübschen Fresken geziert.
Freilich, die häßlichen Arkaden unten sind noch nicht
beseitigt, die alten Häuser dicht vor der Fassade stehen
auch noch. Dicht daneben steht das einst schönste
Wohnhaus Alt=Straßburgs, das Kammerzellsche Haus.
Als ich es zuerst sah, war das Fachwerk über dem
steinernen Erdgeschoß morsch und verwittert; wie eine
ehrwürdige Greisin mutete es an, auf deren feinen
Zügen doch noch ein Abglanz der einstigen Schönheit
liegt. Heute gleicht es seinem Urbild, wie etwa das
Liebesduett in einer Oper dem wirklichen Zwiegespräch
eines zärtlichen Paars; die alten Fresken am Holzbau
sind schrecklich schön erneuert und noch obendrein das
Erdgeschoß bemalt — von Geschäfts wegen, denn was
vor einem Menschenalter ein verfallendes Patrizierhaus
war, ist nun eine „stilgerecht" hergestellte „altdeutsche"
Kneipe. So verkündet das Haus heute nicht so sehr,

wie die Inschrift über der Thür besagt, „in erneuter Pracht Alt-Straßburgs Herrlichkeit und Macht", als vielmehr die traurige Wahrheit, daß alles seine Zeit hat und der Tod zumeist besser ist, als unwürdiges Leben ...

Dann suchte ich die Stätten der unvergeßlichen Feier von 1872 auf. Das alte Bischofsschloß, damals die Universität, steht noch, wird aber nun für das städtische Museum eingerichtet; wie einst, roch's auch heute hier nach frischem Mörtel. Ich trat in den Hof; hier, unter einem Zeltdach, fand die feierliche Eröffnung statt; hier hielt Anton Springer die Festrede, trotz seines deutsch-böhmischen Dialekts die wirksamste, die ich je im Leben gehört habe, dabei in der Zeitdauer so sorglich ausgerechnet, daß bei den Schlußworten: „Möge der Geist der Wahrheit, die Liebe zum Vaterlande nie aus diesen Räumen weichen! Das walte Gott!" die Mittagsglocken des nahen Münsters einfielen, ein Effekt ohne gleichen. Heute sind hier alte Römersteine aufgestellt; einige Herren, die sie besahen, sprachen „dütsch", als ich näher kam, französisch ... Dann suchte ich das große Haus neben dem früheren Bahnhof auf, wo wir nach der Rückkehr vom Odilienberg am 2. Mai 1872 beim Kommers Scheffels Festlied zuerst gesungen hatten: „Stoßt an drum; Neustraßburg soll leben — Als Straße für geistfrisches Streben — Als Burg der Weisheit am Rhein!" Aber der Bahnhof war eine Markthalle geworden, und das Haus stand nicht mehr; an seiner Stelle erhebt sich die neue Synagoge .... Und als ich den alten, behaglichen Luxhof aufsuchen wollte, wo wir allabendlich gekneipt hatten, da fand ich ihn nicht mehr, er war abgebrannt. Dreißig Jahre! Und wie viele von den Jünglingen, die da mit mir um den kleinen, runden Tisch gesessen, waren nun schon tot. Besonders um einen that's mir leid, einen frischen, lieben, begabten Menschen; hier wurden wir Freunde und blieben es bis zu seinem frühen Tod; Carl Caro hieß er, der Dichter des einst oft aufgeführten Lustspiels „Die Burgruine" und einiger übermütiger Lieder, die noch heut gesungen werden, ohne daß die Leute seinen Namen wissen; am Tisch des „Luxhof" hat er sie uns zuerst vorgesungen. Dreißig Jahre! . . . Ganz betrübt ging ich nach der Thomaskirche, wo ich einst eine vortreffliche Festpredigt angehört hatte, und dort endlich konnte ich wieder lächeln. Nicht über das einfache, uralte Kirchlein, auch nicht über das schöne Mausoleum, das seine größte Sehenswürdigkeit ist, aber über die Erklärungen des Sigrists; sie waren noch aufs Wort dieselben, über die Caro und ich einst Thränen gelacht hatten. „Dieses ist das hoch berühmte Mausoleum für den bekannten Marschall Moritz. Er wird von Sachsen genannt, weil ein starker sächsischer König und eine sächsische Gräfin, die ihrer Schönheit wegen Aurora oder Königsmark hieß, seine Eltern waren, aber er war Marschall von Frankreich. Sie sehen, wie er hier traurig die Treppe hinuntergeht, denn unten rechts steht ja leider schon der Tod und öffnet den Sarg, wo er sogleich hinein muß. Die Dame oben rechts, die ihn zurückhalten will, ist das Königreich Frankreich, und der große nackte Herr unten links, der sich betrübt auf seine Keule stützt, ist ein starker Römer, der sich Herkules geschrieben hat, denn dieser Moritz war auch stark." Dann vor einer andern Sehenswürdigkeit: „Dieses ist der steinerne Sarg des Bischofs Archilochus aus dem IX. Jahrhundert. Weil dies aber eine protestantische Kirche ist, so sage ich Ihnen: er war Katholik." Das Merkwürdige ist nun, daß der Mann, wenn er die Schaustücke seinen Landsleuten „dütsch" oder französisch expliziert, keinen Unsinn schwatzt. Offenbar handelt es sich um eine nach der Eroberung 1870 zu Geschäftszwecken (es wird Eintrittsgeld erhoben) hastig, vielleicht von einem Schalk hergestellte, hochdeutsche Übersetzung, die nun ein Kirchendiener nach dem andern memoriert. In Erinnerung war mir noch die Erklärung der trauernden Frauengestalt vor dem Denkmal des Professors Jakob Oberlin, weil sie Caro immer zitierte: „Diese Dame ist nicht die Frau Professorin, sondern die Wissenschaft; man erkennt es daran, weil sie so sehr trauert". Nur in Einem hatte sich der Text gewandelt. In einem der Kirchengewölbe wird auch unter Glas und Rahmen die Mumie eines Mädchens aufbewahrt: „Dieses ist die Tochter des Herrn Grafen von Nassau, sie war zwölf Jahre alt. Vor 1870 hatte sie noch Haare auf dem ganzen Kopfe, damals sind sie ihr ausgefallen." Damals hieß es „vor 1848" und hatte also ein stumpfes Spitzchen gegen die Revolution: jetzt scheint fast eins gegen die Annexion daraus geworden....

Den Eindruck, daß das letzte Menschenalter das Stadtbild gründlicher gewandelt hat, als die vier oder sechs, die ihm vorangegangen sind, hat man überall. Es sind dieselben Straßen mit denselben Namen, aber bis zur Unkenntlichkeit gewandelt. Wer vom Schloß die Ill entlang geht bis zur „Gedeckten Brücke" hin, mag, wenn er die Ufer übersieht und in die Gäßchen zur Rechten und Linken hineinguckt, getrost glauben, man schreibe etwa anno Domini 1620, wo eben die Furia des Glaubenskriegs losgebrochen; das Auge hat da größere Wonne, als an heißen Augusttagen die Nase, das ist wahr, aber malerisch und merkwürdig ist der Anblick. Und Ähnliches sieht man noch in manchen krummen Gäßchen der Altstadt; nur ist derlei heut die Aus= nahme, während es 1872 die Regel war, und die Regel ist heute ein Gemisch von Alt und Neu. Das ist an sich natürlich; noch mehr, es ist höchst erfreulich, daß so zahl= lose Neubauten mitten zwischen den Giebelhäusern stehen oder sie ganz verdrängt haben; das deutet ja auf That= kraft, Wohlstand, jähe Entwicklung, rasche Zunahme der Bevölkerng. Die Seelenzahl hat sich seit 1870 nahezu verdoppelt (nun etwa 160 000), die Sterblich= keits=Ziffer aber von rund 30 pro Tausend auf rund 22 verringert. Wahrlich, das sind Zahlen, die einen den Verlust von tausend alten Häusern verschmerzen ließen! Zudem sind die Kirchen= und öffentlichen Bauten fast sämtlich erhalten; außer den schon erwähnten die Alt= St. Peters= und Wilhelmerkirche, das uralte Münster= lein St. Stephan, das Schloß, das schöne, vom Schöpfer des Heidelberger Friedrichsbaus erbaute „Hotel du Com= merce" u. s. w., dazu manches stattliche alte Patrizier= haus. Aber dies Alte ist wunderschön, oder doch hübsch und zum mindesten malerisch, und das Neue ist zumeist unhübsch und nüchtern — dies allein finde ich bedauerlich und meine, daß es sich leicht hätte vermeiden lassen. Die Nürnberger z. B. haben es vermieden; sie reißen nun auch die alten, dumpfen Häuser nieder und bauen neue, luftige auf, aber in einem Stil, der, ohne die alten Muster sklavisch zu kopieren, doch gleichsam die Ehrfurcht gegen die greisen Nachbarn wahrt und den Charakter des Stadtbilds nicht zerstört. Hier ist das geschehen; die Neubauten zeigen alle erdenklichen Stilarten und -Unarten, die meisten sind nüchterne Häuser mit etwas protzigem Schmuck oder auch ohne solchen. Die Einheitlichkeit des Stadtbilds von 1870 ist dahin; geht das hier noch ein Menschenalter ebenso fort, dann wird diese Altstadt eine völlig uncharakteristische „moderne" Stadt sein, in der sich die Gotik des Münsters und die Renaissance des „Hotel du Commerce" seltsam ausnehmen werden.

Natürlich hat sich auch das Leben gewaltig verändert. Noch giebts hier vielleicht mehr Handwerker und Krämer als anderwärts, aber ein Wahrzeichen der Stadt ist ihre Zahl nicht mehr, und man findet sie nur noch in den engen krummen Gäßchen, nicht, wie einst, in den Hauptstraßen. Dort giebt's große Bazare, dort stattliche Niederlagen von Kleider-, Stiefel-, Wäsche- und Möbel-Fabriken, dort große Bierlokale und moderne Weinstuben; in den Gäßchen aber führen die armen Meister seufzend die Nadel, den Pfriem oder den Hobel, oder führen ihn auch nicht, sondern jammern mit dem Nachbar Krämer über die neue, schlechte Zeit, wenn sie nicht eben in den kleinen Wirtsstübchen ihren Kummer und Zorn vertrinken. Es ist dieselbe Erscheinung wie überall, nur hier stärker sichtbar als anderwärts, weil Straßburg die Entwicklung von der altbehaglichen Kleinbürger- zur modernen Handelsstadt so jählings durchgemacht hat. Die Stadt ist heute wohlhabend, nicht allein durch die guten Grundstückgeschäfte mit dem Reichsfiskus, sondern auch durch die wachsende Steuerkraft der Bewohner. Straßburg ist der Hauptstapelplatz der Reichslande für Getreide; Weizen und Hafer wird importiert, Gerste und Hopfen exportiert; die Tabakmanufaktur, die Bierbrauerei, der Blumen- und Gemüsebau, die Schuh- und Kleiderfabrikation blühen; für die berühmten Gänseleberpasteten fließen jährlich etwa drei Millionen Mark in die Stadt. Auch ist sie nicht, wie einst befürchtet wurde, in sinkendem, sondern in steigendem Maße der Vermittler zwischen dem deutschen und dem französischen Handel und wird es erst recht werden, wenn der neue Rheinhafen ausgebaut ist. Dazu das viele, viele Geld, das die starke Garnison, das Beamtenheer, die blühende Universität in die Stadt bringen. Kurz, den Straßburgern geht's heute gut, aber sie rühren sich auch wacker. Welches Hasten in den Straßen! Nicht allein der anstellige, bewegliche Volkscharakter, auch die eiserne Notwendigkeit hat aus dem „Strosburjer Stekelburjer" (Pfahlbürger, wie die Kleinbürger im Gegensatz zu den Patriziern hießen), einen hastenden Großstädter gemacht. Die „verd— Prüße", die „verfl— Schwowe" gründeten Fabriken, errichteten Bazare und Niederlagen;

das Schimpfen nützte nicht dagegen; da machte man's ihnen endlich nach. Freilich — das sagte mir Jedermann — so rastlos wie im Ober=Elsaß wird hier nicht gearbeitet; bei den eigenen Landsleuten steht der Sohn der „wunderschönen Stadt" im Ruf der Gewandtheit, aber auch der Lässigkeit.

Da ist mir das geflügelte Wort wieder aus der Feder geglitten und es paßt doch heut' noch weniger als vor dreißig Jahren. Das gilt auch von den Denkmälern der Stadt, die älteren sind besser als der Nachwuchs. Davids „Gutenberg" (in Straßburg soll seine erste Presse gestanden haben) ist freilich kein Deutscher, sondern ein Franzose, aber doch eine gute Statue; eine stille stolze Entdeckerfreude liegt auf dem Antlitz: „Et la lumière fut" sagt nicht bloß die Inschrift, sondern auch dieser Ausdruck der Züge. Fein und vornehm wirkt auch das Bronzestandbild Lezay=Marnesias, des besten französischen Präfekten, den Straßburg je gehabt hat, und zum Mindesten höchst charakteristisch ist ein anderes Werk desselben Künstlers, Graß, das Kleber=Denkmal am gleichnamigen Platz — ohne Spur von monumentaler Ruhe und Größe, die Sphinx zu Füßen des Generals eine hübsche, aber sehr kokette Französin, die Hauptgestalt voll Pose und das Ganze doch voll Verve; ein redender Beweis, was in der französischen Bildhauerschule des XIX. Jahrhunderts an Gutem und Schlechtem zu lernen war. Nebenbei bemerkt, was alles kann dieser Kleberplatz dem Beschauer erzählen! — hier schlug einst Eulogius Schneider mitten zwischen den uralten Häusern der alten Reichsstadt, die noch wenig von Frankreich wissen wollte, die Guillotine auf und ertränkte den Widerstand der Patrizier in Strömen von Blut; hier, auf dem „Paradeplatz" zettelte Napoleon der Kleine 1836 seinen bald darauf kläglich endenden Putsch an, hier hielt er als Kaiser Heerschau über seine Bataillone; heut' ist's die Stätte rastlosen Lebens, wo sich alle Straßenbahnen kreuzen; in den Anlagen aber, die üppig aus dem blutgedüngten Boden aufsprießen, finden sich des Abends unzählige Liebespaare zusammen, als gelte es heut' die Lücken zu ersetzen, welche die Guillotine einst in die Zahl der Bewohner gerissen hat.

Und die neuen Denkmäler?! Fast gilt von ihnen, was man in meiner Jugend von den Wiener Dramatikern sagte: „Gottlob, es sind nicht viele!" Der „junge Goethe" ist ja noch nicht sichtbar, aber das alte Haus auf dem Fischmarkt, gegenüber dem Kittelgäßchen, wo er beim Kürschner Schlag wohnte, haben sie mit einem sonderbaren Medaillonbild geschmückt; es zeigt den Jüngling von sonniger Schönheit als einen unhübschen, langnasigen, melancholischen Menschen. Der Straßburger Litterarhistoriker Froitzheim hat das Haus festgestellt — heut' ist ein „Magazin populaire" drin, ein Fünfzig=Pfennig=Bazar. Hätte Goethe so ausgesehen, die arme, schöne Friederike von Sesenheim hätte nicht ihr Herz an ihn verloren und wäre auch von den seltsamen Forschungen des Herrn Froitzheim über ihre Sittlichkeit verschont geblieben. In der Züricher Straße haben sie einen Brunnen mit der Büste Johannes Fischarts hingestellt; ich habe mir die

Züge des genialen Straßburger Satirikers eigentlich geistreicher gedacht, aber das steht dahin. Eins jedoch weiß ich: dieser Renaissancebrunnen ist so gemacht, wie jenes Bild des antiken Malers, der von dem einen Modell das schönste Ohr, vom andern die schönste Nase u. s. w. kopierte und dennoch ein fragwürdiges Kunstwerk zusammenbrachte; hier sind mit gleichem Enderfolg alle schönen Brunnen Deutschlands benutzt ... Viel größer noch ist ein Brunnendenkmal am Weinmarktplatz mit den Bildnissen der drei deutschelsässischen Dichter Ehrenfried, Adolf und August Stöber. Als ich in den Zeitungen davon las, freute ich mich darüber, denn das waren drei tüchtige Männer und begabte Dichter: Ehrenfried Stöber (1779—1835), der „Eckstein deutschen Wesens im Elsaß", als Verfasser des Lustspiels in Straßburger Mundart „Daniel" wie als Schilderer heimischer Zustände für seine Landsleute vorbildlich, sein älterer Sohn August (1808—1884), der getreue Sagensammler und Balladendichter der Heimat, der jüngere Adolf (1810—1892), ein feiner Lyriker von edlem, sicherem Nationalgefühl. Auch fand ich's einen hübschen Gedanken, daß man das Denkmal auf dem alten Platz errichtete, wo ihr Familienhaus steht. Aber als ich nun vor dem Denkmal stand — es ist von demselben Künstler, der das merkwürdige Medaillonbild des jungen Goethe geschaffen hat —, da freute ich mich wirklich viel, viel weniger.

Auf dem Heimweg vom Stöberdenkmal stieß ich auf ein altes Wahrzeichen Straßburgs, den „Ysere Ma". Es ist die Erzfigur eines Gewappneten mit Lanze und

Schwert, die einst ein Schwertfeger als Schild hoch oben an sein Haus stellte. Ich wäre vermutlich vorbeigegangen, ohne das Wahrzeichen zu bemerken, doch zeigte es eben ein Straßburger Bürger einem Vetter vom Lande; so sah ich's mir denn auch an und fragte den Straßburger, ob sich eine Sage d'ran knüpfe. „Excusez — weiß niẍ b'rvun", erwiderte er mit höflichem Bedauern; es giebt thatsächlich keine solche Sage. Dann aber stach ihn der Haber, dem „Schwowe" eins auszuwischen. „Letschte Oschtere," erzählte er dem Vetter, „isch ünf' liewe Pfere Ma üs Paris heimkumme; da isch er uf b'r Exposition universelle gsi; er hat dort groß Sückzeß g'hett. Nadirli packt d'Berliner glych 's Schalusitätsfiewer („Jalousietäts=Fieber") un sie wollen ihn partout a kreije (kriegen). Awer m'r saaue (sagen): s' isch uns zu viel Ehr', sie müsschte sie gedulde, bis daß' emol grün schneijt." Die Beiden wollten sich ausschütten vor Lachen und auch ich war nicht betrübt. Wer eben vom Stöber=Denkmal kommt, weiß, daß es unter den Elsässern selbst in Zeiten, wo dies an den Kragen ging, gute Deutsche gegeben hat; nun gar, dacht' ich, wird alles kommen, wie es kommen muß. Zudem hatte der schalkhafte Mann mir zu Ehren die letzte Redensart unvollständig wiedergegeben, denn die vernünftigen Leute hier zu Lande pflegen zu sagen: „Biß daß a mol grün schneijt, oder b' Franzose wieder kumme."

Es wird auch im Elsaß Alles kommen, wie es kommen muß; die deutschen Elsässer können und werden in dem für immer deutsch gewordenen Lande nicht

ewig im Schmollwinkel stehen, und dann wird auch
die soziale Kluft, die heute das Alt-Straßburg der
Bürger vom Kaiserlich deutschen Neu-Straßburg trennt,
sachte ausgefüllt sein. Heute besteht sie noch, und es
ist kaum zu sagen, ob die alte und die neue Stadt,
die denselben Namen tragen, sich mehr durch die Gesinnung ihrer Bewohner oder durch ihre Architektur
von einander unterscheiden.

Wie aus der Erde gestampft ist dieses Neu-Straßburg
in den letzten zwanzig Jahren emporgewachsen: prunkende
Paläste, riesige Wohnhäuser, ungeheure Kasernen an
breiten, schnurgeraden Straßen und höchst regulär ab-
gezirkelten Plätzen, dazwischen moderne Kirchen und
neue Anlagen, kurz eine jählings auf Kommando
entstandene Stadt. Aber nicht bloß der Wille der
neuen Gewalthaber, ihr berechtigter Wunsch, ihre Macht
sichtbar zu verkörpern, auch die Notwendigkeit hat
aus der Sand- und Ackerfläche zwischen der Altstadt
und dem Festungswall das blinkende Steinmeer erstehen lassen, dessen grelles Weiß das Grau der
Altstadt in breitem Gürtel im Norden und Osten,
zuletzt auch im Süden umschließt und schon heute eine
weit größere Fläche bedeckt als sie. Man brauchte Kasernen für das Besatzungsheer der Festung; die Franzosen
hielten hier 1870 rund 18000 Mann, die Deutschen
jetzt in Friedenszeiten annähernd die gleiche Zahl.
Welche Wohnräume ein solches Heer erfordert, kann
sich die Phantasie schwer ausmalen; das Auge sieht's
mit Staunen; außer dem alten Bau nahe dem Bahnhof und zwei neuen Riesenkarrés im Norden ein ganzes

Kasernenviertel im Südosten der Stadt; von der Metzgerthor- bis zur Pionierkaserne sind's rund zwei Kilometer, von der Kaserne am Nikolausring bis zum südlichen Zitadellenthor etwa ebensoviel, eine Entfernung wie in Berlin von dem Brandenburger Thor zum Rathaus. Also vier Quadratkilometer Kasernen, dazwischen das Arsenal, das Zeughaus, das Militärhospital, eine Garnisonkirche; das Kasernenviertel von Neustraßburg bedeckt einen weit größeren Flächenraum als die innere Stadt Wien!... Man brauchte Räume für die Universität und ihre Institute; obwohl die medizinischen Anstalten im Süden, nahe dem Bürgerspital errichtet sind, und einen nicht zu kleinen Stadtteil für sich bilden, die Universitätsbibliothek wieder nach Norden gelegt ist, erstreckt sich das neue Universitätsviertel im Osten vom Kollegienhaus bis an die Technische Schule etwa einen Kilometer weit!... Man brauchte Amtsräume für die neue Verwaltung; Straßburg war unter französischer Herrschaft nur die Hauptstadt des Departements Bas-Rhin, nun ist's die einer großen Provinz; um den Kaiserplatz liegen die prunkvollen Bauten, die diesen Zwecken dienen. Vor allem aber brauchte man Wohnungen für das Heer von Offizieren und Beamten, Gelehrten und Studenten, für die andere, gewaltig hinzuströmende Bevölkerung. Gewiß, war je eine Stadt nicht die Tochter einer Fürstenlaune, sondern der Notwendigkeit, so ist's Neustraßburg, gleichwohl ist dies jähe Wachsen merkwürdig, ja verblüffend. Vor zwanzig Jahren stand hier noch kein Stein auf dem andern; heute hat der

Wanderer, der diese Stadt in ihrer ganzen Ausdehnung vom Nordwesten zum Südosten durchqueren wollte, eine halbe deutsche Meile zurückzulegen, annähernd dieselbe Entfernung, wie vom Brandenburger Thor zum Friedrichshain. Haus an Haus, Palast an Palast — und der älteste Bau ist 1884 vollendet! Nun wächst aber die Stadt noch immer; der Garten Contades, noch 1872 ein Ausflugspunkt, ist längst vom Häusermeer umschlossen; es dehnt sich jetzt bis an die Orangerie, die einst gar ein entlegener Park war, ähnlich wie der Tiergarten nun mitten in Berlin liegt, während die Häuserreihen bereits bis dicht an den Grunewald reichen. Auch die meisten anderen großen Städte im Reich sind ja seit 1870 in erfreulicher Entwickelung begriffen, aber so sinnfällig ist sie kaum irgendwo wie nächst Berlin in Straßburg. Freilich, Berlin und die meisten anderen Städte der Welt wachsen nach Westen; hier erstehen die Viertel der Reichen, während der Osten der Armut oder doch der Arbeit verbleibt; das ist eine so oft bestätigte Erscheinung, daß man ein Gesetz daraus ableiten könnte: wie viele Pflanzen wachsen auch die Städte der Sonne nach, nicht ihr entgegen. In Straßburg war's von je her anders; das vornehme Viertel war das östliche zwischen Schloß und Broglieplatz, im Westen, um die „Gedeckte Brücke" hauste und haust noch heute das Proletariat, denn dies Viertel liegt tiefer und ist darum minder gesund als das Schloßviertel; die Vornehmen gingen nach Osten nur, weil sie mußten. Und ebenso hat ein zwingender Grund Neu=Straßburg hier und nicht im

Westen erstehen lassen: die Erweiterung des Wall=
gürtels gab im Osten ein großes Terrain frei, im
Westen ein kleines. Selbst wenn man zwischen dies
Prunkviertel von Alt=Straßburg und die Neustadt die
ärmlichen Quartiere im Westen hätte legen wollen,
es wäre unmöglich gewesen. So gelangt man denn
heute in zwei Minuten vom vornehmsten Platz Alt=
Straßburgs, dem Broglie, zwischen dem neu aufgebauten
Theater und der gleichfalls aus ihren Ruinen er=
standenen Präfektur, wo jetzt der Statthalter haust,
über ein Jllbrücklein auf den Kaiserplatz, den stolzesten
Neu=Straßburgs.

Aber dieser schmale Zweig der Jll scheidet, sagt'
ich schon, zwei Welten: die langsam gewordene, trotz
aller Neubauten noch altertümlich anmutende, und die
moderne, die in zwei Jahrzehnten gemachte Stadt.
Ähnliches ist auch anderswo zu sehen — überall giebt's
alte und neue Viertel, aber Gleiches kaum irgendwo,
weil eben hier das Alte gar so alt und das Neue
gar so neu ist. Welche der beiden Städte malerischer,
charakteristischer ist, braucht nicht erst gesagt zu werden,
aber es wäre ungerecht, ja thöricht, Neu=Straßburg
durch diesen Vergleich abzuthun. Wir können nicht
bauen, wie Erwin von Steinbach oder Johannes Schoch,
der Meister des „Hotel du Commerce", und was das
Wohnhaus des XX. Jahrhunderts betrifft, so wollen
wir's auch gar nicht. Neu=Straßburg will mit dem
Maß unserer Tage gemessen sein, und so angeschaut,
ist's ein im Ganzen erfreuliches Stadtbild; durchaus
modern, für den heutigen Stand deutscher Baukunst,

und zwar natürlich ebenso für das Gute, wie das minder Gute dieser Kunst höchst bezeichnend.

Unsere Vorfahren zogen enge, wir breite Straßenzüge; das ist verständig; wir wissen nun, daß Luft und Licht die besten Ärzte sind. Nur muß auch hier ein gewisses Maß eingehalten sein; wir machen zu breite Straßen, darunter leidet der Eindruck des Straßenbildes, auch wenn es sonst hübsch wäre. Ins Maßlose geht dies vielfach im neuen Berlin; diese Straßen sind gleichsam Zwitter von Straße und Platz, sie machen den Eindruck von unheimlich langen und schmalen, schlauchartigen Plätzen. Dieser Fehler ist auch im Innern Neu-Straßburgs nicht überall vermieden; an der um die Stadt laufenden Ringstraße könnten vollends nur ragende Paläste zur Wirkung kommen; im Ganzen aber ist das richtige Maß eingehalten.

Je rascher eine Stadt ersteht, je dringlicher das Bedürfnis nach Wohnungen ist, desto unsolider pflegt die Bauweise zu sein. Unsere Ahnen bauten ein Haus für sich, eine Wohnstätte für ihr Geschlecht mit dem Traum, daß sie es bis in die fernsten Tage bleibe; heute bauen Gesellschaften oder Einzelne in der Absicht, mit Nutzen zu verkaufen, sobald das Dach gesetzt ist. Es giebt Häuser in Berlin, auf Schöneberger und Charlottenburger Grund, die, vor zehn Jahren erbaut, schon jetzt alt aussehen und in zwanzig Jahren wacklig sein werden; selbstverständlich kann man auch hier viele solcher Häuser sehen, aber doch nicht mehr, sondern weniger, als man voraussetzen möchte. Das sagten mir selbst die Elsässer, die der Neustadt nicht grün sind. Also auch dies ist besser als anderwärts, und das Protzen mit billigem, schlechtem Schmuck nicht schlechter. Auch hier giebt's Marmor und Alabaster aus Stuck, falsches Gold, gemalte Mosaiken, Talmi=Bronzen, Glasmalereien aus der Fabrik u. s. w. Aber das ist keine Schwäche Neu=Straßburgs, sondern menschliche Schwäche, die nur heute ins Ungeheure gesteigert erscheint.

Über das Geschmacksniveau der Zeit kann sich nur ein Einzelner erheben, nie eine Gesamtheit; das gilt auch von den Fassaden dieser Wohnhäuser. Der Stil unserer Zeit ist, für das Wohnhaus keinen Stil zu haben; jeder macht, was er will und kann, und benutzt die Muster, die ihm geläufig sind. Auch hier trifft man romanische, gotische, Renaissance= und Rokokohäuser in buntem Gemisch, dazwischen ganz nüchterne Zinskasernen, die durch das bißchen Stuck oder die gußeisernen Balkondrachen noch armseliger erscheinen. Ganz so, wie etwa in einem Viertel Neu=Berlins sieht's übrigens nicht aus, schon weil hier die Häuser breiter und minder tief gebaut werden, aber etwa wie in den neuen Straßen von Karlsruhe oder Stuttgart, also süddeutsch und gar nicht französisch. Alles in Allem: legt man das Durchschnittsmaß unserer Zeit an, so braucht sich Neu=Straßburg seiner Wohnhäuser nicht zu schämen; an Talenten ist unter den hiesigen Architekten sichtlich kein Mangel; einzelne Häuser sind sehr hübsch; nur läßt eben das heillose Stilgemenge zu keinem harmonischen Gesamteindruck kommen. Das ist schade, denn es hätte sich hier leichter erzielen lassen als anderwärts. Fast all diese Häuser sind ja gleichzeitig entstanden, ein bißchen sanftes Zureden an Bauherrn und Architekten hätte die grelle Buntscheckigkeit verhindert.

Bunt genug sehen zum guten Teil auch die Monumentalbauten Neu-Straßburgs aus. Alles prächtig, kostspielig, gediegen, aus bestem Material; wie an Geld ist auch an Raum nicht gespart, was hier in der neuen Stadt ja freilich auch nur eine pure Geldfrage war; das Meiste in seiner Art gut, aber das Ganze doch — nur den Kaiserplatz abgerechnet — eine hübsche Mustersammlung zur Geschichte der Baukunst, nicht ein einheitliches Pracht- und Prunkviertel. War je die Gelegenheit dazu geboten, so hier; sie ist leider nur auf dem Kaiserplatz genützt worden.

Bedauerlich ist aber auch, daß der stolzeste Bau dieses Platzes, wie Neu-Straßburgs überhaupt, der Kaiserpalast, in den Dimensionen mißraten ist. Was dem sehr begabten Künstler vorschwebte, war sichtlich ein Riesenbau; der Stil — Florentiner Renaissance — wirkt nur in großen Maßen wuchtig und monumental, in kleinen leicht plump. An einem solchen Riesenpalast hätte auch der Säulenvorbau mit Balkon und Giebel, der reiche Skulpturenschmuck, die mächtige Kuppel ruhig und feierlich gewirkt. Anders heute, wo sie an dem vergleichsweise kleinen Bau von rund 70 Meter Front und etwa 30 Meter Höhe (ich habe freilich nur mit den Augen schätzen können) unruhig und lärmend wirken. Das Malheur voll zu machen, liegt der kleine, plumpe

Palast mit dem Riesenschmuck der Kuppel und der Statuen auf gleichem Niveau wie der Platz und sieht daher wie in die Erde gedrückt aus, etwa so, als hätte man einem vierschrötigen Kerlchen einen gleißenden Riesenhelm aufgesetzt, unter dessen Wucht es in die Kniee geknickt ist. Spricht man mit einem Elsässer darüber, so jammert er über das viele Geld, das hier unnütz verthan sei; ganz mit Unrecht, die $2^1/_2$ Millionen flossen aus Reichsmitteln, und von Verschwendung kann hier nicht die Rede sein, sondern vom Gegenteil. Mit $2^1/_2$ Millionen schafft man keinen imponierenden Palast mit üppigem Skulpturenschmuck, entweder mußte man das Dreifache gewähren oder, wenn man sparen wollte, einen andern Stil wählen; wie sehr die Wirkung eines Bauwerks auch von den Maßen abhängt, wie verhängnisvoll ihre willkürliche Reduzierung ist, sieht man selten so deutlich wie hier . . .

Dem Kaiserpalast gegenüber liegen die Bibliothek und das Gebäude des Landesausschusses, auch sie im selben Stil mit Säulenvorbau, Kuppeln und Statuen, beide minder phantastisch und besonnener erdacht als der Palast, auch in den Dimensionen harmonischer, im Gesamteindruck monumentaler, wenn auch im Detail gewiß nicht talentvoller. Gegen die Altstadt hin bleibt der Platz frei, hier schließt das drüben liegende Theater und die Residenz das Bild ab; nach der Nordseite hin sollen sich die Ministerien erheben. Ist einmal der Platz ausgebaut, so wird er zweifellos trotz kleiner Mängel nicht allein einer der prunkvollsten, sondern auch der schönsten Deutschlands sein. Es war eine gute

Idee, auf demselben Platze die kaiserliche Macht, die Wissenschaft und das eigene, in der Selbstverwaltung ausgeprägte Leben des Reichslands zu verkörpern. Und kann man auch schwer den Gedanken bannen, daß in der Stadt, wo die Gotik, die deutsche Renaissance und das Rokoko durch so Herrliches oder doch Schönes vertreten sind, einer dieser Stile naturgemäßer gewesen wäre als der hier gewählte, daß man die scharfe äußere Scheidung von Allem, was drüben seit einem Jahrtausend deutsche Bürgerkraft geschaffen, lieber hätte vermeiden sollen, so erweist sich doch auch hier, daß die Florentiner Renaissance ein trefflicher Prunkstil ist, etwas kalt, aber von pompöser Wirkung. Hoffentlich verdirbt man diese Wirkung nicht, indem man für die Ministerien einen andern Stil wählt.

Was man, den Kaiserplatz abgerechnet, in Neu-Straßburg an öffentlichen Bauten sieht, ist, sagt' ich schon, recht bunt. Das Katastergebäude deutsche Frührenaissance, die evangelische Garnisonskirche Frühgotik, die katholische Spätgotik, die Kreisdirektion und die Realschule deutsche Spätrenaissance, der Justizpalast und die Herz=Jesu=Kirche italienische Renaissance, romanisch wieder ist die Synagoge. Talentvolle, zum Teil schöne Bauten, nur erscheint das Ganze, unmittelbar nach einander betrachtet, so künstlich, so unhistorisch, so unorganisch, so unruhig, und das liegt nur an dem bunten Wechsel der Formen und dem Mangel an rechter Beziehung zwischen dem Zweck des Bauwerks und seinem Stil. Warum z. B. muß die evangelische Garnisonkirche die herben Formen der Frühgotik nach=

stammeln, warum die Synagoge die des Hochroma=
nismus? Gegen beide Bauten läßt sich sonst nichts
sagen, aber wo uns die Form ausgeklügelt und will=
kürlich erscheint, da leidet der Eindruck.

Anderes wieder ist gar zu nüchtern, z. B. die Zoll=
direktion in echtem Berliner Zinshausstil, oder arg ver=
hauen, wie das riesige Hauptpostamt, heute der größte
Profanbau Straßburgs, der ein ganzes Häuserkarree
einnimmt. Das ist nicht gut, denn nun kann man
sich überzeugen, daß er von allen vier Himmels=
richtungen gleich häßlich aussieht. Damit wird jeder
Beschauer bald fertig sein, aber andere Fragen werden
ihn lange beschäftigen. Zunächst, was das wohl für
ein Stil sein mag; Einiges ist gotisch, Anderes in Re=
naissance und wieder Anderes ist überhaupt nichts als
eben Mauerwerk mit Fenstern drin. Der Bau hat
seine Geschichte; als die Architekten des Reichspostamts
mit den Plänen hervortraten, protestierte alle Welt da=
gegen, sogar die zu Hilfe gerufene Berliner Akademie der
Künste, aber dem Postbismarck Stephan gefiel's, der
angedrohte Plan wurde ausgeführt. „Schön wie ein
Traum," pflegt man zu sagen, aber „häßlich wie ein
Traum" hat auch seine Berechtigung; in der Wirk=
lichkeit sollt' es so was gar nicht geben. Aber das ist
nur eine ästhetische, nun eine praktische Frage: Ist ein
Postamt fürs Publikum da oder das Publikum fürs
Postamt? Hier ist das Erste verneint, das Letzte mit
einer Rücksichtslosigkeit bejaht, die überall tadelnswert
wäre; in Straßburg, inmitten einer widerstrebenden,
erst sachte zu gewinnenden Bevölkerung, war's eine

Sünde. Das Hauptpostamt ist etwa eine Drittelmeile vom Bahnhof und dem Geschäftsviertel, ebensoweit von den wichtigsten Hotels entfernt; der Geschäftsmann, der Fremde und wer immer nach acht Uhr noch telegraphieren will, hat eine Reise zu machen; im Viertel aber, wo es steht, giebt es wenig Postverkehr. Auch dagegen — und dagegen erst recht — wurde, so lang es Zeit war, Sturm gelaufen; Herr von Stephan gab auch in diesem Punkt nicht nach. Und doch war er ein feingebildeter Mann, liebte das Elsaß, wo er oft seine Ferien zubrachte, und hatte sonst bestes Verständnis für die Bedürfnisse des Publikums; aber eigensinnig war er zuweilen freilich bis zum Unbegreiflichen . . .

Um die Betrachtung des monumentalen Neu-Straßburg mit etwas Erfreulichem abschließen zu können, habe ich mir ein Wort über das lateinische Viertel für den Schluß aufgespart. Einen schöneren, größeren, zweckdienlicheren Bau, als er heut dasteht, hat sich gewiß auch im Mai 1872 niemand von uns im Traum ausgemalt. Wer vor dem gewaltigen Kollegienhaus (in italienischer Renaissance, wie die Bauten am Kaiserplatz) steht und zu der Pallas Athene über dem Mittelbau emporblickt, den säulengetragenen Lichthof übersieht oder in der prächtigen Aula verweilt, darf Stolz über das Beste empfinden, was wir Deutschen haben. Auch die Bauten für die einzelnen Institute suchen ihres Gleichen. Kommt man dann ins Kasernenviertel, so denkt man sich: „Nun ja, das Reich der Deutschen ist nun auch von dieser Welt, und wir brauchen auch Kasernen; so lang wir darüber nicht vergessen, was unser höchster Besitz und unser edelster Stolz ist, steht es gut um uns!"

In der Neustadt wohnen auch viele Elsässer, aber hier überwiegen die „Altdeutschen", wie in der Altstadt die Einheimischen. Man erkennt dies leicht, denn sie unterscheiden sich auch ein wenig für den Blick von einander, noch mehr fürs Ohr. Gewiß, Deutsche sind auch die Elsässer, nur in den höchsten Schichten sieht man zuweilen den Zusatz französischen Bluts, aber sie kleiden sich eleganter als die Eingewanderten, haben auch andere Manieren; ob bessere, das ist Geschmackssache. In der Damen-Mode ist Straßburg ein Klein-Paris; die Straßburgerin kleidet sich chik, aber auch auffallend; gegen dunkle Farben hat sie dieselbe Abneigung wie ihr Vorbild an der Seine; schwarz kleidet sich nur das arme Mädchen, das, gleichviel wie, sein Brot verdienen muß. Sie ist graziöser als die Norddeutsche, aber auch recht kokett, und in der Anwendung von Verschönerungsmitteln, oder was man so nennt, minder bedenklich als — Gottlob! — unsere Frauen. Eleganter tragen sich auch die Herren: die Schneiderrechnung des elsässischen Anwalts oder Arztes ist gewiß doppelt so groß als die seines preußischen Kollegen; auch der bessere Handwerker, der Kommis putzen sich nach Kräften heraus; freilich sah ich an einem Sonntag in der Orangerie Anzüge, die noch einem totkranken Hypochonder ein Lachen abgenötigt hätten. Auch in den Umgangsformen ist das französische Vorbild unverkennbar, freilich — wie's bei jeder absichtsvollen Nachahmung geht — ein im Guten selten erreichtes, im

Schlimmen überbotenes Vorbild; was der wackere Straßburger Drechslermeister und Dichter Daniel Hirtz den vornehmsten seiner Mitbürger um 1840 vorwarf, daß sie's „afficht triewe" (treiben), könnte er heute einem weit größeren Kreise ins Stammbuch schreiben. Eine Annäherung an die Sitten und Umgangsformen in Deutschland hat seit 1870 jedenfalls nicht stattgefunden; das bestätigten mir „Altdeutsche" und Elsässer, wie es mich auch meine eigenen Augen lehrten.

Und die Sprache?! Hier nun gar gebe ich keineswegs bloß subjektive Eindrücke, sondern das Ergebnis so sorglich und so zahlreich, als in vier Tagen möglich, eingezogener Erkundigungen. Die Kenntnis des Hochdeutschen hat natürlich in den letzten 30 Jahren, dank dem Zuzug, dank der Schule und weil ja deutsch die offizielle Sprache ist, ungemein zugenommen; nur der Proletarier kann nicht hochdeutsch sprechen, sonst jedermann. Aber diese Kenntnis wird nur soweit genützt, als es eben sein muß, und um keinen Satz mehr; hochdeutsch spricht der Elsässer nur mit dem „Altdeutschen", von dem er amtlich oder geschäftlich abhängig ist, nie mit seinem Landsmann; mit dem spricht er „bütsch" oder französisch. Man kennt die Anekdote von dem Engländer, der in Leipzig in einen Laden mit der Aufschrift „English spoken" tritt und auf die Frage, wer hier englisch rede, die Antwort erhält: „Merschbendhels die Fremden"; das Hochdeutsche als Umgangssprache ist in Straßburg auf die „altdeutschen" Kreise beschränkt. Anders das Französische. In der letzten Regierungszeit Napoleons III. beherrschte (nach einer

Feststellung von 1866) etwa ein Drittel der Gesamtbevölkerung das Französische in Wort und Schrift; das zweite Drittel konnte es nicht schreiben, aber verstehen und sprechen oder doch radebrechen; das letzte verstand und sprach nur die Mundart. Genaue Kenner der Bevölkerung, darunter Beamte und Lehrer, die es wissen müssen, haben mich versichert, daß sich diese Verhältnis-Ziffern, was die einheimische Bevölkerung betrifft, nicht unerheblich verschoben haben; von den Eingeborenen, die etwa $7/12$ der Gesamtbevölkerung bilden, könne nicht, wie einst, jeder Dritte, sondern jeder zweite Straßburger französisch sprechen und schreiben; von der anderen Hälfte verstehe es wieder jeder Zweite so leidlich; nur etwa ein Viertel sei heute der Sprache ganz unkundig. Das sei, meinten Einige, doch auch an sich keine betrübliche Erscheinung. Gewiß nicht; „quot linguae, tot animae", und in diesem Grenzland hat das Französische naturgemäß mehr Bedeutung als rechts vom Rhein. Aber erwägt man, daß das Französische in der Schule nicht gelehrt wird, daß sich diese Verbreitung innerhalb eines Menschenalters deutscher Herrschaft vollzogen hat, so giebt die Thatsache zu denken. Zu ihrer Erklärung reicht gewiß nicht aus, daß die Leute von der Notwendigkeit des Französischen überzeugt seien; man muß den alemannischen Trotz und die andauernde Sympathie für Frankreich in Rechnung ziehen. Auch als Umgangssprache hat das Französische (immer in Hinblick auf die einheimische, nicht auf die Gesamtbevölkerung ausgesprochen) zugenommen — und zwar auf Kosten der Mundart;

in manchen Kreisen, die vor dreißig Jahren untereinander nur in der Mundart sprachen, wird nun auch französisch parliert. Allerdings wird der Fremde geneigt sein, diesen Gebrauch zu überschätzen, denn in Hörweite des „Schwowe" spricht der Straßburger ganz besonders gern französisch, auch wenn's ihm ein wenig hart ankommt. Anders, wenn er sich harmlos unter Landsleuten oder im Hause bewegt; da ist's nur in einem engen Kreise Gewohnheit, französisch zu sprechen.

Die Straßburger Mundart, ein Zweig des Alemannischen, klingt einem zunächst wie „Schwizerdütsch" ins Ohr: das „e" und „en" werden abgeworfen, „Stub", „asse" (essen); das „a" wird „o", die Diphthonge zu langen Vokalen, das „g" am Schlusse klingt wie ein „j", das „u" wird zum „ü"; Stroßburj = Straßburg, „min" = mein, „Hüs" = Haus. Dann merkt man die Unterschiede: der wichtigste ist der Mangel an Gutturallauten, die im Schweizer Dialekt so überreich vertreten sind, daß Gottfried Keller 1886 in meinem Beisein scherzen konnte, wer zuerst in die Schweiz komme, könne glauben, daß sich alle Leute erbrechen wollten. Merkwürdig ist namentlich der Einfluß des Französischen auf den Dialekt. Daß „Affrunt" Beleidigung, „Ambra" (embarras) Verlegenheit, „Laretrait" Zapfenstreich bedeutet, leuchtet einem sofort ein; andere Ausdrücke sind so germanisiert, daß man sie mühsam erkennt. Mein Droschkenkutscher erzählte mir stolz, seine Braut habe zweitausend Mark auf der „Kestebank"; als ich fragte, was das für eine Bank wäre, meinte er erstaunt, derlei gebe es ja in Berlin gewiß erst recht, dort seien die

Leute so sparsam. Endlich stellte es sich heraus, er meinte eine Sparkasse („Caisse d'épargne"). Im Gewirr des „Kleinen Frankreich" an der Ill fragte ich eine alte Frau nach der „Gedeckten Brücke". „s'Bunggewehr? — bo!" („Pont couvert".) Und „Kanapee" heißt „Kanabett", eine Kerze aber gar „Schandellicht"! So stark ist der unbewußte Drang des Volksgeistes, das Fremde in Eigenes zu wandeln.

Auch auf die Syntax hat das Französische Einfluß geübt. Ich besuchte einen lieben alten Freund, einen Norddeutschen, und verabredete mit ihm und seiner Frau, daß ich sie nachmittags zu einem Spaziergang abholen wollte; die Kinder sollten mit. Der Jüngste sieben Jahre alt, sah dem mit großer Spannung entgegen; als ich anklingelte, öffnete er mir selbst und stürzte mit dem Ruf: „s'isch ne!" zu den Eltern. Das heißt wörtlich „Er ist ihn" bedeutet: „Er ist es" und ist offenbar eine Übersetzung von „C'est lui". Derselbe Junge erzählte mir, sein Lehrer greife sich immer an die Stirn, als ob ihm das „Latätel" weh thäte (der Dialekt nimmt stets das französische Wort samt dem Artikel auf, der Priester heißt also: „Der Labeh"). Er wie seine beiden älteren Geschwister sprachen unter einander während des ganzen Weges den Dialekt — und der Vater stammt aus Königsberg, die Mutter aus Kiel! „Dagegen ist nichts zu machen," meinte mein Freund, „sie bringen's aus der Schule und von der Straße heim!" Aber ich meine, dagegen sollte auch nichts gemacht werden; es ist ja trotz der welschen Brocken ein guter deutscher Dialekt und hilft mindestens

in der heranwachsenden Generation die Kluft zwischen
„Altdeutschen" und Elsässern überbrücken.

Daß diese Kluft heute besteht, leugnet auch der
größte Optimist nicht. Schon die Wahlen beweisen es.
In den Reichstag entsandte Straßburg zuerst einen
Protestler, dann vorübergehend einen deutschfreundlichen
Mann, hierauf Bebel — lediglich aus Oppositionslust,
die Sozialdemokratie ist hier nicht stark — zuletzt einen
Liberalen, der es aber nicht wagte, sich einer der
„Ordnungsparteien" anzuschließen, sondern nur Hospi=
tant der „Freisinnigen Vereinigung" war. Was einem
an kleinem Ulk auf den Straßen begegnet oder erzählt
wird, will nicht schwer genommen sein, wohl aber die
soziale Abscheidung; das ist eine richtige chinesische
Mauer, in der es keine Pforte gibt. Außer meinem
Freunde suchte ich noch einen Elsässer auf, den ich von
einem Sommeraufenthalt her näher kannte. Beide
Herren sind Altersgenossen, Universitätsfreunde, Kollegen,
in den angenehmsten geschäftlichen Beziehungen, beide
leben sehr gesellig, auch die Frauen sind einander
sympathisch, aber ein Verkehr von Haus zu Haus besteht
nicht. Mein Freund meinte: „Er will eben nicht; es
würde ihm schaden," und der Elsässer etwas verlegen:
„Das geht leider nicht!" Beide haben starke künstlerische
Interessen, aber mein Freund ist Mitglied des „Kunst=
vereins" und die Elsässer haben einen andern zu
gleichem Zweck. Wo sogar die Kunstvereine getrennt
sind, darf man sich nicht wundern, daß jede der
Parteien ihren Gesang=, Touristen= u. s. w. Verein hat,
von den Kasinos zu schweigen. In das behagliche

Haus der Kasinogesellschaft am Sturmeckstaden setzt kein Elsässer, in das schöne elsässische Kasino am Gutenbergplatz kein Altdeutscher den Fuß. Wenn es wahr ist, was man mir sagte: „In Straßburg ist das Verhältnis noch am besten" — und da es jedermann sagte, ist's wohl so — so sind wir im Elsaß nach einem Menschenalter noch recht weit vom Ziele.

An wem liegt die Schuld? Natürlich schieben sie sich beide Parteien zu und beide, wie ich glaube, mit Recht. Die Elsässer verkennen nicht, welchen gewaltigen Aufschwung in materieller und geistiger Hinsicht Stadt und Land seit dreißig Jahren genommen haben, nur schreiben sie das Verdienst sich allein zu, während die Regierung ihren reichen Anteil daran hat. Die Zugehörigkeit zu einem großen, reichen, von inneren Erschütterungen verschont gebliebenen Staat bedeutet sehr viel; der Regierung ferner dankt Straßburg die Universität, das musterhafte Schulwesen, die Stadterweiterung, die Anlage des Rheinhafens, den Ausbau des Bahnnetzes; aber auch an direkten materiellen Gaben hat gerade Straßburg recht viel erhalten. Für die bei der Belagerung erlittenen Schäden bekam die Stadt 40 Millionen Mark Entschädigung, wahrlich eine reich bemessene „Meschanterie", wie Schadenersatz auf Straßburgisch heißt („dommages intérêts"), für die zerstörte Stadtbibliothek eine halbe Million Mark und eine neue Bibliothek. Auch der oft gehörte Vorwurf, man schenke ihnen Prachtbauten, die sie selbst bezahlen müßten, ist ganz (so bezüglich des „Kaiserpalastes") oder zum größten Teil unbegründet; zu den 13 Millionen für die Universitätsbauten z. B. hat das Land 3 Millionen beigesteuert. Begründet aber ist die Klage, man verwalte gar zu viel, mische sich in Alles, wolle es am grünen Tisch entschieden haben. Dieses Bevormundungssystem, das Mißtrauen in die Kraft und Einsicht der Selbstverwaltung, sind Schattenseiten des herrschenden Systems im Reich, und werden nirgendwo fühlbarer als hier, wo es die Leute nicht gewohnt waren. Dazu der ewige Wechsel in den Grundsätzen; Möller war streng, aber ruhig und gerecht; Manteuffel fahrig, würdelos, allzu mild und zwischendurch ein Polterer; er verdarb so viel, daß der greise Hohenlohe und der gegenwärtige Statthalter es bis heute nicht gut machen konnten, zudem der Wind aus Berlin bald eisig, bald lau wehte. Jetzt, wo der „Diktatur-Paragraph" abgeschafft ist, geht es hoffentlich im raschen Tempo wohlwollender Entschiedenheit vorwärts. Zwei Hauptgründe, die in Straßburg die Kluft offen halten, wollen noch erwähnt sein. Erstlich die schwierigen konfessionellen Verhältnisse. Die Protestanten, die Katholiken und die Juden der Stadt stellten sich nach 1870 verschieden zur Regierung; die Protestanten hoffnungsfreudig, die Katholiken feindselig und mißtrauisch, die Juden abwartend. Die Protestanten wurden enttäuscht, als die Regierung die Katholiken gewinnen wollte und ihnen gerade hier viel, sehr viel zu Liebe that — an der Universität wie in der Stadt —, den Katholiken war's und ist's noch immer nicht Freundlichkeit genug, und die Juden wurden durch die saubere Mode des Antisemitismus, die einzelne preußische

Beamte und Gelehrte zuerst hieher verpflanzten, abgestoßen. Damit komme ich zum zweiten, vielleicht dem wichtigsten Punkt. Der Korporalston, der ja selbst in Pommern oder Posen nicht der schönste aller Töne ist, paßt nicht hierher; er macht die Leute unwillig und sie übertragen die Abneigung gegen die Tonart Einzelner auf die Regierung. Die Beamten vom Rhein und aus Süddeutschland kommen mit den Elsässern weit besser aus.

Soviel von meinen Straßburger Eindrücken. Es war sehr interessant dort, aber auch sehr heiß, und während ich mir alte und neue Bauten ansah und weise politische Gespräche führte, wuchs meine Sehnsucht nach Berg und Wald, Kühle und Stille mit jeder Minute. Ich wußte auch, wo ich sie stillen wollte, an jedem Tag wußt' ichs, aber freilich an jedem was Anderes. Als ich kurz nach meiner Ankunft in der kochenden Mittagsglut über den Schloßplatz schritt — die Quadern dampften und von dem rötlichen Sandstein des Münsters ging ein versengender Hauch, als hätte er sich entzündet — da stand vor meinen Augen lockend ein anderes Bild: ein Haus auf der Höhe, rings schimmernde Schneegipfel und tief unten der blaue See. Das war Rigi-Scheidegg; acht Sommer hatte ich oben verbracht und wußte die Freunde, die mich dorthin gezogen, wieder oben; wenn ich mich des Abends auf den Weg machte, konnte ich mit ihnen am nächsten Morgen den einsamen Seeweg gehen, zu dem Mönch, Jungfrau und Eiger so herrlich herübergrüßen ... Tags darauf hatte ein

Brief meiner Sehnsucht ein anderes Ziel gegeben, und während ich aus dem Portal der Bibliothek den Kaiserplatz übersah — ein Flimmern lag über den Steinmassen drüben und über den Blumenbeeten in der Mitte wie ein grauer Schleier — da sah ich ein anderes Bild: wieder ein blauer See, aber seine Wellen rollten bis dicht ans Haus, zur Linken eine kühne, trotzige Felsenwand, zur Rechten anmutige Hügel — das war Gmunden am Traunsee, auch dies ein mir liebvertrauter Ort und auch dort fand ich Freunde. Freilich, etwas weit war's, aber ich hatte ja Zeit....
Anders am dritten Tage, da war ich mit liebenswürdigen Menschen in der „Orangerie"; im Wirtshaussaal hinter uns zotete sich ein Berliner Überbrettl vor einem Dutzend Zuhörern aus, vor uns schlichen die Spaziergänger durch die schwüle Dämmerung dahin. Mein Gastfreund und seine Familie wollten am nächsten Morgen nach Titisee im Schwarzwald; die nahen Vogesen lockten ihn nicht. „Was ich davon gesehen habe," meinte er, „ist ja ganz hübsch, aber wer elf Monate immerzu französisch parlieren hört, und ebenso lang um sich her gespannte Mienen sieht, was der Unhold aus ‚Schwoweland' wieder Unerhörtes von sich geben wird, will's mindestens im Ferienmonat behaglich haben. Kommen Sie doch mit uns!" Ich kenne den Schwarzwald, bin auch einmal in Titisee gewesen, und das freundliche Bild stand flugs vor meinen Augen: Alles grün, blaugrün der See, hellgrün die prächtigen Matten, tiefgrün der Tannenwald. Auch war das Leben dort wirklich behaglich. Warum also

nicht? Nur wollte ich ihnen nachkommen, einen Tag mindestens mußte ich noch in Straßburg bleiben, mir die Denkmäler ansehen, auch nochmals das Münster besteigen, denn als ich am Tag meiner Ankunft auf der Plattform war, hatte der schwüle Dunst alles verschleiert.

Nun, am nächsten Morgen war's um so herrlicher; über die Stadt, die neuen Wälle hinweg konnte der Blick im klaren, noch rötlich schimmernden Licht dieses Sommermorgens wie ins Unendliche fliegen. Da glänzte die Ebene gegen Süden von unzähligen Ortschaften: weiße Inselchen im lichtgrünen Meer der Felder. Zur Linken, gegen Osten, ein dünner, schmaler, langer Dunstschleier über einer ebenso unabsehbar langen, schwärzlichen Linie: die Morgennebel über dem Rhein und die Pappeln an seinem Ufer. Dann weiter gegen Osten eine rötlich überhauchte Wolkenbank, die immer blauer schimmerte, je goldiger das Rot der Sonne wurde, der Schwarzwald; vom Eichelberg im Norden bis zum Blauen im Süden; nur der breite, eigensinnig gezackte Rücken der Hornisgründe, die scharf umrissene Kuppe des Kaiserstuhls mahnten das Auge, daß dies ein ewig ragender Bergzug sei, nicht vergängliches Gewölk. Gegen Westen aber eine andere Wolkenbank, in diesem Licht fast schwärzlich anzusehen, und genau ebenso mächtig von Norden nach Süden gestreckt, die Vogesen, vom zackigen Gipfel des Hohbarr ob Zabern gegen Süden immer höher ansteigend bis zum mächtigen Felsen des Schneebergs, dann sich ins Breuschthal senkend, um abermals zum breiten Rücken des Odilienberges anzusteigen; von da, je weiter gegen Süden, im Duft der Ferne immer mehr verschwimmend, vielleicht noch Berge, vielleicht nur Wolken . . . An die zwei Stunden stand ich oben und konnte mich nicht sattsehen an dem schönen Bilde, und wie ich so stand und schaute, klang's mir zuerst auf: „Warum willst du nicht lieber in die Vogesen, sie scheinen, von hier gesehen, ebenso mächtig, wie der Schwarzwald, und ebenso waldreich!" Aber dann hatte ich wieder nur meine Freude an dieser Stunde, ohne an die nächste zu denken. Welch ein Anblick! — wirklich ein Bild voll Farbe und Leben, nicht eine Landkarte, wie wir sie zuweilen von Berggipfeln überblicken; diesen Eindruck verhütet hier die vergleichsweise geringe Höhe des Turms und die Lage Straßburgs inmitten der Ebene zwischen den beiden Bergzügen. Nicht eine Aufwallung patriotischen Gefühls, sondern das eigene Auge läßt einen hier erkennen: Wie unnatürlich schnitt einst die Rheingrenze durch ein Gebiet, das zusammengehört, eben ein riesenbreites Stromthal, an beiden Ufern von Menschen desselben Stammes, derselben Sprache bewohnt, hüben und drüben von ähnlich geformtem Waldgebirg umrahmt, den „zwo Rheinburgen", wie man's im XV. Jahrhundert so treffend nannte. Was Elsaß und Baden, es ist Ein Gau! Und wieder tauchte mir die Frage auf: Willst du nicht, statt die Bekanntschaft mit den Schwarzwaldbergen zu erneuern, ihre Brüder, die Vogesen, kennen lernen?! Immer höher stieg die Sonne, immer blendender spannte sich ihr Lichtnetz über die Landschaft; ich ruhte mir die Augen aus, indem ich die Namen der Besucher am Gemäuer ansah. Hier steht an einem Seitenpfeiler auch: "Goethe. Lavater. Pfenninger." Goethe! Mir klang die herrliche Schilderung auf, die er in "Dichtung und Wahrheit" gegeben hat, und in der Stimmung, in der ich nun war, faßte mich die Sehnsucht, gleich ihm wechselweise "die Aussichten in eine wilde Gebirgsgegend" und "in ein heiteres, fruchtbares, fröhliches Land" zu genießen.

Ich ging die Treppe hinab, 330 Stufen, da hat man Zeit zu überlegen. "Warum nicht?" dachte ich. "Aus Furcht vor den ,gespannten Mienen'? Vielleicht ists garnicht so arg und sie können auch freundliche machen! Und wenn nicht, interessanter als im Schwarzwald wirds jedenfalls sein! Du deinerseits willst nie vergessen, daß es diesen Leuten ähnlich geht, wie ihren "Vogesen". Das ist ja der alte deutsche Wasichenwald, dessen Rauschen in unserem Nibelungenlied wiedertönt; daß ihn die Römer "Vogesus", die Franzosen "Vosges" und dann auch wir "Vogesen" nannten, dafür kann eigentlich dieser deutsche Bergwald nichts. Und können seine Bewohner was dafür, daß wir, ohnmächtig und zersplittert, sie zwei Jahrhunderte lang den Fremden überließen, in deren Horn sie tuten mußten, und ist's nicht zu viel verlangt, daß sie nun urplötzlich wieder in unser Horn tuten sollen, als wären die zwei Jahrhunderte ein spurlos geschwundener Augenblick?!" Den Ort aber wußte ich nun auch. Man hatte mir hier gesagt die "Schlucht" sei das Schönste, die Paßhöhe an der Grenze; auch stehe das große "Hotel Altenberg" dicht daneben. So ging ich vom Münster aufs Telegraphenamt, mir dort ein Zimmer zu bestellen, und vom Amt zum Buchhändler, wo ich mir gleich einen Haufen Reiseführer einhandelte. Sie alle rühmten die „Schlucht". Und als die Antwort kam, im „Hotel Altenberg" sei ein Zimmer erst in einigen Tagen frei, schlug ich nach, was der nächste größere Ort sei. „Münster i. E." Schön, also dorthin.

Und so fuhr ich am nächsten Morgen nach Münster.

III.

Münster i. E.

Es war wieder ein herrlicher Morgen, als ich von Straßburg nach Münster fuhr, und so in der roten Frühe eines Sommertags durchs Elsaß zu fahren, ist lustig und macht froh. Wahrlich „ein heiteres, fruchtbares, fröhliches Land," und wohin immer man den Blick wenden mag, malerische Ruinen, schöne Kirchen, Dörfer, die stattlicher aussehen, als in Ostelbien die Städte, und Städte, deren jede wie ein Klein-Straßburg prangt, so altertümlich und zugleich mit stolzen Neubauten geschmückt. Und welche Namen schlagen einem dabei ins Ohr! Da Schlettstadt, die Hochburg des Humanismus, da, ob St. Pilt, auf stolzem Gipfel die Hohkönigsburg, dann die alte fröhliche Stadt des Weins und der Pfeifer, Rappoltsweiler . . . Ich brauchte nicht erst im Reisebuch nachzuschlagen, die beiden Herren, mit denen ich das Kupee teilte, riefen die Namen aus; freilich sagten sie: „Schléstatt" — „Oconigsbourg" — „Ribeauville", denn sie sprachen französisch. Der eine war ein Kolmarer, der andere ein Mülhausener Patrizier, und Beider Herz war ob ihrer Straßburger Eindrücke sehr bekümmert. Diese Leute

würden gegen die Regierung immer zahmer, klagten sie
einander, auch der Kolmarer seufzte, daß seinen Mit=
bürgern die rechte Kampffreudigkeit fehle, wogegen
der andere stolz ausrief: "Mulhouse sera éternelle-
ment français!" Zum Beweis für diese französische
Gesinnung von "Mülhüse" in Ewigkeit erzählte er
Geschichten aus neuester und halbvergangener Zeit.
Die erstere behandelte die unerhörte Frechheit eines
rheinischen Fabrikanten, der einem Mülhausener Ge=
schäftsfreund zugemutet hatte, seinem Schwager, einem
dorthin versetzten Beamten, eine Wohnung suchen zu
helfen; die aus halbvergangener Zeit die Suche nach
einem Maire, den die Regierung bestätigen wolle.
Man habe ein "amusant flon-flon" darauf gemacht,
und dieser witzige Kehrreim lautete:

   3' Mülhüse wird a Maire gesuecht,
   Das esch épatant,
   Doch b' Laterne derzue
   B'halt 's Gouvernement.

Der Kolmarer war so entzückt darüber, daß er
sich's ins Notizbuch schrieb, und ich that das Gleiche,
auch ohne Schmerz. Das Ganze mutete mich gar
nicht urfranzösisch an, im Gegenteil urdeutsch von Anno
dazumal; so mögen um 1835 zwei deutsche Kleinstaat=
philister gegen die hohe Regierung gestichelt haben.

In Kolmar zweigt das Bahnchen ins Münsterthal
ab; diesmal saß ich mit lauter wirklichen Franzosen
im Kupee, doch sprachen sie kein Wort über Politik.
Nur einmal klagte einer, es sei ein schönes Land, das
sie verloren hätten, worauf ein anderer, die Deutschen

hätten's nur „à termes" erworben. Ein karger Trost,
denn wahrlich, auch das Münsterthal ist sehr schön.
Nicht gleich im Anfang, aber mit der Zeit. Zunächst
geht's nur in der Ebene und an einem Wald von
Fabrikschloten vorbei; das ist Logelbach, wo die
Herzog, Haußmann, Jordan, Hirn und andere
Textil-Könige jährlich einen Chimborasso von Baum=
wolle zusammenspinnen und weben; auf einem Kanal
schleichen Lastbarken mit hochaufgetürmter Ladung
gegen Kolmar. Dann tauchen grüne Hügel auf und
wachsen an, je weiter die Lokomotive, immer scharf
nach Westen, emporkeucht; wo keine Fabrik steht, da
wogt ein Ährenmeer und grüßen Reben im Thal, von
den Höhen aber winken Ruinen. Nun zur Linken der
scharfgeschnittene Bergkegel, der die Plixburg trägt;
zur Rechten das altertümliche Türkheim mit Mauern
und Türmen; hoch über ihm, wie in den blauen
Himmel hineingebaut, ein Gewirr gelbschimmernder
Kirchen und Häuser: der Wallfahrtsort Drei Ähren.
Hier tritt die Bahn ins Thal der Fecht, um es nicht
mehr zu verlassen; steiler wird die Steigung, kühler
die Luft, enger rücken die Berge zusammen und dichter
wird der Wald; man kann auf Minuten glauben, im
Schwarzwald zu sein: auch hier die hellgrünen Matten,
die tiefgrünen Wälder, die sanft ansteigenden Berge,
nur ist die Landschaft so viel fruchtbarer und be=
lebter. Immer wieder Äcker und Weinberge, auf den
Bergen die zerfallenen Burgen; an der raschen Fecht
viele Fabriken, dazu alle zwei Kilometer ein stattlicher
Ort, Zimmerbach, Walbach, Weier im Thal, mächtige

Kirchen, altersgraue Häuser, dazwischen weißblinkende Villen, kurz: alte Kultur und neues Leben. Wahrlich, auch in diesem Bergthal ist das Elsaß, wie der alte Sebastian Münster in seiner „Cosmographey" von 1544 rühmte, ein „voller Brotkasten", denn „in diesem Landt findst du in dem Gebürg kein Ort, das nicht erbawen sey mit Weingärten oder Äckern". Daher auch das rege Leben auf den vielen kleinen Bahnhöfen; der Zug wird immer voller. Von Weier bis Münster wandelt sich abermals der Charakter der Landschaft, hohe kahle Bergrücken werden sichtbar; auf den weiten, grünen Matten stehen Sennhütten; es ist, als führe man den Tauern entgegen oder Kufstein zu; aber hier giebt's auch Fabriken, also Voralpen mit Industrie. Dichter rücken die Schlote zusammen, aber auch enger die Berge; eine Stadt, von hier gesehen stattlich und weit gedehnt, wächst dem Auge entgegen, über Häuser und Fabriken hinwegragend ein gewaltiger Dom von rotem Sandstein. Das ist Münster i. E.

Hier ist gut hausen, jedoch im Hochsommer hier ankommen ist minder gut. Das Bahnchen führt ja noch einige Kilometer tiefer in die Berge, aber in Münster leert sich's jählings, und auf dem engen Steig, wie vor dem Bahnhof ist ein Drängen und Schreien, daß einem die Rippen krachen und die Ohren gellen. Denn die meisten Reisenden, namentlich die Franzosen, wollen gleich weiter über die „Schlucht" nach Frankreich, und es stehen auch reichlich viel Omnibusse und Wagen da, sie zu befördern. Aber daran liegt's eben; die Wagen reichen, aber die Reisenden nicht, und so entbrennt um jeden Einzelnen grauser Kampf. Als ich bedächtig, weil durch das Wutgeheul gewarnt, aus dem Portal trat, bot der kleine Platz das Bild eines Kampfgefilds: je ein Reisender zwischen zwei Kutschern, die heulend an ihm zerrten — wohl den Besiegten, die bereits atemlos, mit geröteten Gesichtern und zerknüllten Hüten, im Omnibus oder Landauer saßen! Aber da ward auch ich gefaßt: „Mosié, voilà votre voiture!" gröhlte ein kleiner Schwarzer und riß mir den Schirm aus der Hand, „Mosie, do isch jo Ihr Wägele!" ein langer Roter und entwand mir meine Handtasche. Und dann fuhren sie gegen einander los: „Lutzer!" — „Sempel!" — „Leäder!" — „Dreckspatz!" Mein Stock war mir geblieben; sanft hob ich ihn mit der Bitte, meinen Schirm fahren zu lassen, gegen den Schwarzen, dann mit demselben höflichen Wink gegen den Roten, — da brach ein neuer Kampf los, der unsere Aufmerksamkeit von unseren kleinen Meinungsverschiedenheiten ablenkte: die beiden riesigen Omnibuskutscher waren einander über eine ganz kleine Französin in die Haare geraten und wälzten sich im Staube. Schon waren beide ganz blau, als ein dicker Bahnbeamter erschien, eine hellrote Mütze auf dem Kopf und eine dunkelrote Nase im Gesicht. „Ruhe!" brüllte er, und da ward es still und die Wagen rollten ab. Ich habe in den Wochen, die ich hier verbrachte, fast täglich das Bähnchen benützt; nicht immer ging es so lebhaft zu, wie bei meiner Ankunft, aber zuweilen auch noch dramatischer. Sogar Blut sah ich fließen, wenn auch nur aus einer Nase, als ein Kutscher dem anderen zurief: „B'halt nur deine Pariser, du pariserest ja salwer", denn „pariseren" heißt hier in wilder Ehe leben. Nun meine ich: Münster ist im Übrigen ein so friedliches und behagliches Nest, ließe sich dem nicht abhelfen?! Etwa so, daß der Würdige mit dem Hellrot über und dem Dunkelrot im Gesicht schon gleich bei Ankunft des Zugs „Ruhe!" brüllte?!

Im Übrigen will ich diesem Würdigen nichts Schlimmes nachsagen; er hat mir zwar wiederholt, wenn ich eine Fahrkarte verlangte, deren zwei hingelegt, aber das war nicht böse gemeint und hatte auch seine natürlichen Gründe. Ebenso habe ich das Schanbabtistle später besser schätzen gelernt, als am ersten Tag. Als damals nämlich die Wagen nach der Schlucht abgerollt waren, guckte ich mich nach den Spuren eines Münsterer Hotels um, und da gewahrte ich das Schanbabtistle in einer Ecke, die Mütze vom „Hotel Münster" auf dem melancholischen Köpfchen und das dünne, gebeugte Körperchen ganz mit Schirmen, Handtaschen und Plaids behangen. Es nahm aber doch geduldig auch mir Alles ab, den Gepäckschein dazu, und wies mir den Weg zum Hotel, das nahe dem Bahnhof in einem hübschen Garten liegt. Als ich eben in diesen Garten treten wollte, hörte ich hinter mir her rufen; da stand das Schanbabtistle und winkte mir zurückzukommen. Ich that's. „S'ischt nur," sagte das Männchen in seinem schönsten Hochdeutsch, „a Hokele dabii. Namlig: b'sorge will ich Ihne die Bogosch gern, herzlech gern, aber Zimmer hätte mer net frei!" — „Und das sagen Sie erst jetzt?!" Worauf das Schanbabtistle so recht demütig:

"Excüsez, Mosie, aber wenn Sie Portier im Hotel Münschter wäre, Sie thäte g'wiß no mehr verneglischire!" Da schlug ich ihm begütigt vor, zunächst wolle ich in seinem Hotel essen und dann solle er mir ein Zimmer suchen helfen. "Herzlech gern," sagte das Männchen, "denn Sie, Mosie, thäte allein dumm ums Eck 'rum schieße." So ging ich denn ins Hotel und aß im großen Saal mit sehr vielen Menschen zu Mittag, denn außer den Sommergästen, die stolz an einer gesonderten Tafel obenan saßen, waren noch zwei große Gesellschaften aus Straßburg und Kolmar da, die das feinste Elsässer Französisch sprachen. Das Essen war gut, das Hotel machte einen netten Eindruck, und wie ich so aus der Kühle in den Garten hinausstarrte, wo das Laub in der Hitze zitterte, ward mir bang vorm Zimmersuchen und ich guckte neidisch nach den Sommergästen hin. Neidisch, aber mit guten Gedanken. "Wenn doch Einer von Euch," dacht' ich, "jetzt eine Freudenbotschaft erhielte, die ihn zu sofortiger Abreise bestimmte!" Und siehe, diesen Edelmut lohnte der Himmel. Als wir beim Kaffee waren, trat ein Telegraphenbote ins Zimmer und rief: "Herr Polizeidirektor X." Ein dicker Mann mit grimmigem Schnauzbart schnellte empor: "Hier, Rat X." — "Direktor X.", wiederholte der Bote. Die Ernennung! Freudiger Aufruhr, Glückwünsche, Champagner und Abreise. Nächst mir war das Schanbabtistle am vergnügtesten darüber. "Gottlowedank! D'Polizei is üs'm Hüs un i bräuch in d'r Hitz kei Loschi mit Faderbett z'süche!" — "Aber von einem Federbett hab' ich doch gar nicht gesprochen?" — "Jeder Berliner will a Faberbett!"

Nun, das hatte ich also und konnte daher die vielen, vielen Kissen schleunigst hinauswerfen lassen, aber im Übrigen fand ich das Haus freundlich und ebenso das Städtchen; zudem sollten's ja höchstens drei Tage sein, bis mein Zimmer auf dem Altenberg frei war. Und nun sind's drei Wochen geworden, und daß ich fort soll, will mir gar nicht zu Sinn. Ich hab's so gut hier; täglich sehe ich was Neues und Schönes und verbringe den Abend mit liebenswürdigen Menschen, die sich mit mir verständnisvoll des Gesehenen freuen und mir für den nächsten Tag wieder was Schönes wissen; ist's möglich, so begleitet mich einer von ihnen; wo nicht, so sorgen sie für einen kundigen Führer. Sitz' ich des Abends unter ihnen, dann glaube ich und vielleicht auch sie nicht, daß wir uns erst seit Wochen kennen, so gut sind wir einander geworden — und es sind doch Elsässer, aber neben dem Menschlichen bindet uns eben die gemeinsame Freude an ihrer herrlichen Heimat. Welche Fülle von Schönheit der Natur und gesegneter Arbeit der Menschen, von alter Kultur und Kunst und von Sage und Geschichte, und von neuem, überquellendem Leben! Gewiß, auch diese Fülle der Eindrücke ist's, die mich über die Zeit täuscht, die ich hier verbracht habe; jeder Tag brachte ja etwas Anderes, was ich nie vergessen möchte! Aber wie Vieles habe ich selbst in diesem Thal noch nicht gesehen! Wahrlich, wie ich mir nun, da sie zu Ende geht, so meine Münsterer Zeit überdenke, scheint's mir höchst vernünftig, daß ich blieb, und unsinnig, daß ich gehen soll. Nun, es wird ja wohl sein müssen, aber vorher will ich mir doch klar machen, was Alles mich freute und fesselte.

Was Alles?! „Das Städtchen gewiß nicht," wird vielleicht Einer einwenden, der's flüchtig kennt. „Ein neuer, nüchterner Fabriksort im Thal!" Nun, wer so spräche, kennte Münster wirklich nur flüchtig, aber der fesselnde Magnet an sich war die Stadt auch mir nicht. Und die lieben Menschen, deren ich mich hier erfreuen durfte?! Gewiß, ohne sie wär's nicht halb so erquicklich gewesen, aber doch erquicklich genug. Denn sein Bestes bietet Münster Jedermann: es ist ein unvergleichliches Standquartier für den Reisenden, der diese reizvolle und merkwürdige Landschaft gründlich kennen lernen und dabei doch jede Nacht im selben Bette schlafen will. Wer von der Natur vor und nach der Table d'hôte nur so viel genießt, als ihm zu seinen eigenen Fenstern hineinguckt, wer nicht wandern und suchen, sondern ruhen und verdauen mag, für den ist Münster nichts. Aber wer sich am besten erholt, wenn er sich täglich ein neues Stücklein dieser schönen Welt erobert, der komme hierher. Auch wenn er nur die Bahn benützt, kann er haben, wonach ihn gelüstet, und täglich was Anderes: uralte, seltsame Städte und Flecken, wie Kaysersberg, Rappoltsweiler, Sulzbach, Weier und Türkheim, eine Kunststadt wie Kolmar, einen Wallfahrtsort, wie die Drei Ähren, merkwürdige Bergdörfer, wie Walbach, Mühlbach, Metzeral; nimmt er ein Wägelchen oder des

Schusters Rappen zu Hülfe, so erschließt sich ihm das Gebirg von der Ebene bis zum Grenzkamm der Vogesen und nach Frankreich hinein: schattige Waldthäler, burggekrönte Höhen, einsame Seen im tiefsten Tannenforst, riesige Matten mit stillen Sennereien, verödete Grenzwege, auf denen der Pascher schleicht, und Pässe, über die der Weltverkehr fast betäubend flutet. Ich habe ein gut Stück Welt gesehen; kaum zwei oder drei Landschaften wüßte ich zu nennen, die solche Gegensätze der Natur und des Lebens vereinen, eine solche Fülle des Schönen oder doch Kuriosen aus der Arbeit eines Jahrtausends bieten, wie dieser Berggau zwischen Kolmar und Lothringen. Sein Mittelpunkt aber ist Münster; die Stadt ist, wie die größte, so die älteste Wohnstätte im Gau.

Das Alter, sagen Viele, sieht man Münster nicht an. Das ist richtig oder unrichtig, je nach den Augen, die einer mitbringt. Wer nur den Stadtgarten und das neue Hotel- und Villenviertel nahe dem Bahnhof durchstreift, mag freilich das Bild einer jüngst entstandenen Sommerfrische haben. Aber schon wer an den Webereien vorbei zum Marktplatz geht, müßte stumpfe Augen haben, um zu glauben, er sei in einem Fabriksstädtchen von gestern. Denn selbst die Gassen mit neuen Bauten sind eng und krumm, in anderen stehen mitten zwischen modernen uralte Häuser, und sieht er sich die Mauern der Fabriken recht an, so gewahrt er gewaltige Sandsteinbögen, mit Ziegeln ausgefüllt: Reste eines riesigen Klosterbaus; ähnlich sind die Mauern einer Brauerei in einen stolzen Kreuzgang eingebaut. Dann hier ein schönes, altes Portal, dort ein Renaissance-Fries und dort wieder Giebel und Erker. Dazwischen öffnen sich uralte Gäßchen, auf der einen Seite wackelige Häuschen, auf der anderen eine dicke, aber brüchige Stadtmauer; eines, das „Grabengäßchen", so schmal, daß einem beleibten Manne schwül wird und ein dicker stecken bleibt. Selbst Spuren der alten Thore sieht man noch, so nahe der Kirche St. Leobegar, wo heut' eine kleine Herberge steht. Von Denkmälern und Bauten aus alter Zeit, die sich ungeändert erhalten haben, giebt's freilich nur noch wenige. Da steht im Stadtgarten auf einem Sockel ein verwitterter Löwe aus Sandstein, der vergnügt grinsend sein mächtiges Hinterteil emporstreckt. Die Fremden gehen achtlos daran vorbei oder wundern sich, daß man das wacklige Ding auf einen Ehrenplatz des modernen Parks gestellt hat, aber die Münsterer haben recht daran gethan: der morsche Löwe mit der üppigen Hinterpartie ist ein so schnurriges und zugleich beredtes Denkmal alter Bürgerkraft, wie es nicht viele Städte im Reich haben. Dann unter den Bauten das Rathaus, ein spätgotischer Bau von 1550, von dessen Giebel der Doppeladler des heil. Römischen Reichs deutscher Nation hinabgrüßt. Denn in der Ratsstube, wo heute die Gemeinderäte von Münster dem Herrn Kreisdirektor sauersüße Mienen schneiden, brachten einst die Bürger des Freistaats Münster im Gregorienthal für Kaiser und Reich freudig die schwersten Opfer, und im Archiv dieses modernen Fabrikstädtchens finden sich stolze Privilegienbriefe aus den Tagen, da Berlin noch ein Fischerdorf war.

Es ist nicht Jedermanns Sache, während seiner Ferien in verstaubten Urkunden zu kramen, obwohl das an Regentagen ein mindestens ebenso kurzweiliger Zeitvertreib ist, als im Wirtshausqualm Billard zu spielen, auch nicht Jedermanns Sache, sich viel um die Vergangenheit eines Orts zu bekümmern, wo er nur einige Wochen zubringt. Ehrlich gesagt, auch meine Sache ist das nur dann, wenn ich ohne die Vergangenheit die Gegenwart nicht ganz verstehen kann, denn das Leben um mich her zu erfassen, es mitzuleben, und wenn's nur für Wochen wäre, ist mir allerdings Bedürfnis. Münster ist erst seit zehn Jahren eine Sommerfrische, seit kaum vier Menschenaltern eine Fabrikstadt, unter zehn Menschen leben sieben vom Webstuhl oder vom Fremden, und doch wäre einem nicht blos das Stadtbild, sondern auch das Leben und die Art der Menschen unverständlich, wenn man nichts von ihrer Geschichte wüßte. Zudem ist diese Geschichte so reich, der merkwürdigsten Fügungen und Entwicklungen voll, — und so deutsch! Wie es einst hier aufwärts und dann abwärts ging und nun wieder allmählich aufwärts geht, ist im Kern ein Stück unserer deutschen Volksgeschichte. Und mögen sie nun den Herrn Kreisdirektor ärgern, in den Reichstag stets einen „Elsässer" wählen, für Paris schwärmen und unter einander französisch parlieren — wer da weiß, wie sie einst waren und nun geworden sind, sagt sich lächelnd: „Nur zu, Ihr Guten, das paßt eben für vos têtes carrées... ‚Schwowe?!' Selber Schwowe, und was für echte!"

Das wichtigste Schicksal fast jeder Stadt — es giebt auch Ausnahmen, Berlin z. B. — ist ihre Lage und das erste und deutlichste Dokument ihrer Geschichte ihr Name. Beides trifft auch hier zu. Wer eine der südlichen Höhen ob Münster ersteigt und herabblickt, etwa von der Terrasse des schönen „Schloßwalds", versteht sofort, warum hier eine Stadt erstehen mußte. Sie liegt, ein gewaltiger Haufen von grellem Weiß und Rot inmitten dem Grün ihrer Gärten, dicht zu seinen Füßen, an den mächtigen Rücken einer breiten Kuppe, des Mönchsbergs, geschmiegt, von dem hellen Grau ihrer Dampfschlote wie von einem Fähnlein über= schattet, in einem mäßigen Kessel, wo sich zwei Thäler zu einem dritten, zwei Bäche zum Fluß vereinigen. Grundverschieden ist der Charakter dieser Thäler; hart zur Linken des Beschauers, gegen Südwesten steigt das breite, aber steile „Großthal", aus dem ein glitzernder Bergbach zu Thal stürmt, zum Vogesenkamm empor, daneben, durch den Rücken des Mönchsbergs von ihm geschieden, gegen Nordwesten das engere, wildere, von grauem Fels und dunklem Tannenforst starrende „Kleinthal", aus dem ein anderer Gießbach in die Tiefe stäubt. Nachdem sie sich im Weichbild der Stadt vereinigt, fließen sie als „Fecht" gegen Osten weiter; dies dritte Thal streckt sich zur Rechten des Be= schauers: mäßig breit, aber anmutig und fruchtbar, von Hütten und Mühlen, Burgen und Fabriken er= füllt, in sichtbarer Neigung zur Rheinebene hinab= sinkend. So liegt Münster an der Grenze zwischen Gebirg und Hügelland, der Stelle, wo die Waldbäche zum Fluß, die Saumpfade zur Straße werden, zugleich der einzigen Stelle, wo sich Raum für eine größere Siedelung bot, denn auch vor dem Beschauer und hinter ihm, also gegen Norden und Süden, steigen terrassenförmig Berge auf, heller und sanfter als die des Groß- und Kleinthals, schimmernd vom Smaragd der Matten und freundlichem Laubholz, jedoch auch hier den Raum des Kessels, in dem sich die Stadt breitet, beschränkend. Aber er hat bis heute genügt und konnte vollends den Gründern dieser Siedelung genügen; sie wählten den Ort trefflich, malerisch sollte die Lage sein und zugleich ein Magnet des Verkehrs, wie ja die meisten ihresgleichen ebenso glücklich wählten. Denn schon der Name erweist, daß der Ort aus einem Kloster erwuchs.

Das „Monasterium in valle Gregoriana", das „Münster im Gregorienthal" war eines der frühesten Klöster auf deutscher Erde, schon kurz nach 600 Papst Gregor I. zu Ehren von Schottenmönchen gegründet. Freilich nicht gleich hier, im wohnlichen, geschützten Kessel, sondern hoch oben im wilden Kleinthal, wo zwischen den tiefen, schwarzgrünen Forsten des Abts- und Silberwalds vom Hoheneck herab ein Gießbach seine milchigen Wellen zu Thal wälzt, durch Jahrtausende ein Versteck der Eber und daher noch heute „Schweinsbach" genannt. Wer jetzt hier von Stoßweier her auf gebahntem Pfad zur „Schlucht" emporklimmt, fühlt sich fast beängstigt von der düsteren, unheimlichen Schönheit dieser einsamen Waldwildnis, und findet es begreiflich, daß die mittelalterlichen

Chronisten hierher die Jagdgründe Julius Cäsars und Karls des Großen legten; freilich stammelten sie da nur der uralten Volkssage nach, die den wilden Jäger im Herbst allnächtlich über den Bergkamm dahinsausen läßt. Staunend aber sieht der Wanderer die Kapelle, die den Ort bezeichnet, wo hier einst die ersten Zellen der Schotten standen, das „Scottenwirle"; das nahe „Stoßweier" hält den Namen, freilich bis zur Unkenntlichkeit verstümmelt, fest. Denn wenn's hier selbst heute noch so unwirtlich und todeseinsam ist, wie erst in jenen Tagen! Kaum betretener Urwald bedeckte das Grenzgebirg zwischen dem Frankenreich und seinem Vasallenstaat, dem von „Elisassen" (fremden, d. h. germanischen Bewohnern) bewohnten, von den Etichonen beherrschten Elsaß; mit dem Getier der Wildnis, dem Auerochsen, dem Bären und dem Eber, mit dem Brodem des sumpfigen Urwalds mußten die frommen Siedler unter ihrem ersten Abt Oswald den Kampf aufnehmen, eh' ihr Acker etwas Frucht trug. Was sie hierzu bewog, war jener brünstige Hang nach dem Märtyrertum, die scheue Weltflucht, die dem schottischen Zweig der Benediktiner vor allen anderen eignete. Aber schon des Oswald Nachfolger, Colduvinus, verstand die Weisungen, die Papst Gregor den Jüngern seines Lieblingsordens gegeben hatte, besser: nicht fern den Menschen zu leben, sondern unter ihnen, und die alten Götzentempel nicht zu zerstören, sondern zu Tempeln Gottes zu machen. Darnach handelte Colduvinus, als er den sündigen Merovinger Childerich II. bewog, den Mönchen zur Errettung seiner Seele in jenem Thalkessel Kirche und Haus aufzurichten. Denn hier gab es Menschen, wenn auch noch nicht viele: Jäger, Hirten und Sennen; an der Stelle, wo die beiden Bergbäche sich zur Fecht vereinen, stand zweifellos ein ihren Göttern heiliger Hain, und darum mußte Childerich hier das „Monasterium ad confluentes" erbauen. Auch schenkte ihm der König das gesamte Thal vom Vogesenkamm bis gegen Kolmar, dazu einige fette Höfe der Niederung bei Schlettstadt. Freilich wurde er kurz darauf von seinen Vasallen ermordet, das Kloster aber gedieh jählings zu großer Bedeutung.

Verschiedene Umstände haben diese rasche und doch lange dauernde Blüte bewirkt, reine und unreine, löbliche und häßliche, denn nur aus weißen Fäden ist kein Schicksal auf Erden gewebt, und vollends niemals die Macht. Vor Allem: die Äbte huldigten dem Mächtigen, stützten oder verrieten den Wankenden, je nachdem sie seinen Sieg oder seine Verderben witterten, und traten den Gestürzten in den Staub. Wer immer über das Elsaß gebot, so lang er zu schenken hatte, war der Abt von Münster sein Freund, freilich nicht länger. So war nach Childerich II. Tode das dann heilig gesprochene Scheusal Dagobert II. des Klosters Gönner und Donator, so alle, alle Merovinger und Karolinger, die Heinriche und Ottonen, die Salier und die ersten Staufen. Unzählige Weiler und Weingüter, Höfe und Dörfer der Niederung bis gegen Straßburg, Breisach und Basel hin fielen dem Kloster zu; in seinem Thal vollends, von Kolmars

Thoren bis zum Vogesenkamm, war nur der Abt der Herr; selbst auf die Gerichtsbarkeit über die Freien hatte schon Ludwig der Fromme zu seinen Gunsten verzichtet. Bis ins XII. Jahrhundert hinein dauerte dies stete Wachsen der Klostermacht; Münsterer Mönche wurden Bischöfe zu Straßburg, und mehr als ein Graf war unter den Äbten; kein Wunder, das Amt forderte mehr weltliche, als geistliche Begabung. Aber zu dieser stetig geübten, ebenso schlauen als rücksichtslosen Politik im Erwerben trat die gleiche Kunst und Kraft im Festhalten und Entwickeln des Besitzes. Die einst so menschenarme Landschaft wurde binnen drei Jahrhunderten zu einem der bevölkertsten Bergthäler des Elsaß, weil sich die Mönche ebenso aufs Kolonisieren verstanden, wie sie selbst treffliche Ackerbauer und Winzer, Viehzüchter und Sennen waren. Fast alle Dörfer, die sich heute im Groß= und Kleinthal finden, sind uralt, und alle desselben Ursprungs: zuerst gründeten die Mönche einen Meierhof, dann wurden Hütten für die hörigen Knechte erbaut; der und jener freie Handwerksmann aus der Ebene zog hinzu; schließlich war, schon der großen Entfernungen wegen, ein Friedhof vonnöten, dazu eine Kapelle, die sich zur Pfarrkirche erweiterte. Die größte Siedelung aber, gleichfalls durchaus ländlich, entstand ums Kloster; von ihm ging alles Leben, alle Kultur der Landschaft aus, zu ihm strömte sie zurück, seinen Glanz zu erhöhen.

Man weiß, solcher Kreislauf dauert nicht ewig; dann kommt der Tag, da das erstarkte Geschöpf nicht mehr seinem Schöpfer, sondern sich selber leben will. Hier dämmerte dieser Tag gegen Ende des XII. Jahrhunderts, da im Elsaß der Gedanke der Städtefreiheit, im Sturmhauch der Not, die zur Selbsthilfe zwang, aus hundert Funken zur Lohe wurde. Straßburg hatte sich nach langem Kampf von seinem Bischof befreit, andere Städte waren gefolgt, da rüttelten auch die Bauern und Hirten im Münsterthal an ihrem Joch. Das war begreiflich, denn der Abt war nicht blos ihr Zinsherr, dem der Freie steuern, der Hörige frohnden mußte, sondern auch der Gerichtsherr und der geistliche Zwingherr obendrein; sie waren in seiner Hand, wie das Lämmlein in des Geiers Krallen. Und doch war diese Bewegung im Münsterthal eine seltsame, ja einzige Erscheinung; anderwärts that sich eine geschlossene, wohlhabende Bürgerschaft zusammen, hier waren's die Sennen, Jäger und Hirten des Groß- und Kleinthals, die sich mit den Ackerbauern des Fleckens verbanden; Ähnliches hat sich auf deutscher Erde um 1200 nirgendwo begeben, erst ein Jahrhundert später im Schatten des Rigi. Sieht man von der Sage ab, die den Kampf der Eidgenossen verklärt, und darf man Kleines mit Großem vergleichen, so war's im Grunde dieselbe Erscheinung, erklärlich nur durch den ungeheuren Druck von oben und den trotzigen, im Kampf mit einer rauhen Natur erstarkten Charakter eines einsamen Bergvolks. Anders freilich, friedlicher und zahmer war hier der Verlauf; zu einem Morgarten kam es nicht. Durch ein Menschenalter blieb der Kampf zwischen Abt und Unterthanen unentschieden; hier die furchtbare Waffe des Geld-, Blut- und

Kirchenbanns, dort zäher, alemannischer Trotz. Da siegte endlich der schlauere Teil. Also der Abt? Nein, die Bauern. Seit Kaiser Friedrich II. über Deutschland herrschte, müßten sie sich um seine Vermittelung; war er doch ein Freund bürgerlicher, ein Feind geistlicher Macht. Die Gefahr seines Eingreifens zu bannen, bestürmte der Abt den Enkel Barbarossas um die „protectio specialis", die Reichsunmittelbarkeit, und gewährte als Gegenlohn, was der Kaiser forderte, das Recht der Gerichtsbarkeit über das Münsterthal. Das war im Dezember 1235; der Abt frohlockte, aber die Münsterer auch, und mit besserem Grunde, denn acht Tage später verlieh ihnen der Kaiser das an ihn zurückgefallene Recht der Gerichtsbarkeit und andere wichtige Privilegien einer freien Stadt. So sah derselbe Monat hier zwei Staatswesen entstehen: die Reichsabtei Münster und den Freistaat gleichen Namens.

Der wackere Dichter der „Abderiten", der ja als Ratschreiber der Reichsstadt Biberach seine Erfahrungen sammeln konnte, hat einmal geäußert, Kurioseres habe die Sonne nie beschienen, als die Zwergstaaten im römisch-deutschen Reich. Das Seltsamste vielleicht sah sie durch vier Jahrhunderte in diesem Thal. Zwar daß es hier zwei Souveräne — Reichsabtei und Reichsstadt — auf demselben Fleck gab, war, wie man weiß, keine Seltenheit; natürlich lagen sie einander auch hier in den Haaren und rauften um jede Trift, jeden Grenzstein, jeden Zins von drei Groschen. Wer dabei im Rechte gewesen, der Abt oder der Rat, findet sich in

den beiden neueften Geschichtswerken über Münster —
von Friedrich Hecker (1890) und von Ludwig Ohl
(1897) — ganz genau nachgewiesen; nur wirkt leider
das gleichzeitige Studium der beiden stattlichen Bände
mehr kurzweilig als klärend, denn nach Hecker, dem
Protestanten, war immer der Rat, und nach Ohl,
dem Katholiken, immer der Abt im Rechte. Die Wahr=
heit aber ist, daß es selbst heute im Kampfe um die
Macht weniger darauf ankommt, im Recht zu sein,
als Recht zu behalten; der liebe Gott ist sogar jetzt
noch stets mit den „besseren Bataillons", und war es
damals mit dem größeren Häuflein Gewaffneter, und
darum muß Ohl oft bittere, auch ausführliche Thränen
weinen (sein Buch hat 550 Seiten!) während Hecker
die Weltordnung kurz und fröhlich als gerecht rühmen
kann. Die Münsterer fochten selbst, der Abt mußte
Knechte mieten; wie fast überall im Elsaß minderte
sich auch hier die geistliche Macht durch das Auf=
streben des Bürgertums wie des Schwertadels, das
Sinken der Klosterzucht, das Schwinden des frommen
Glaubens. Wenn sich der Kampf hier noch rascher
entschied als anderwärts, so lag dies an Unglücks=
fällen, so wiederholten Bränden, die das Kloster
trafen, aber auch an der trotzigen, streitbaren Art der
Münsterer und vor allem an der weisen Verfassung,
die sie sich gegeben hatten. Auch diese Verfassung
war in ihrer Art einzig und wie man, um
für ihre Entstehung ein Ähnliches zu finden, nach
der Schweiz blicken muß, so für ihre Ausgestaltung.

„Die Stadt und das Thal zu Münster im

St. Gregorienthal", wie der Freistaat bei Kaiser und Reich hieß, war ein Bund aller damals bestehenden Gemeinden des Thals, also der Stadt Münster und der Dörfer Sondernach, Metzeral, Mühlbach, Breitenbach und Luttenbach im Großthal, Stoßweier und Sulzern im Kleinthal. Oder richtiger: eine Verschmelzung aller, denn jeder Bewohner des Thals war „Bürger zu Münster und im Thal", und alle Bewohner politisch ganz gleichberechtigt. Dem Freistaat gehörten die Äcker, die Forste, die Matten, ihm die Jagd, die Fisch= und Weidegerechtigkeit, sogar der größte Teil der Herden, namentlich die Stiere, war Eigentum Aller, also nicht der Einzelnen, nicht der Gemeinden, die nur lokale Verbände innerhalb der Bürgerschaft waren. Dies kam auch in der Zusammensetzung der Regierung zum Ausdruck: jedes Dorf wählte je einen Ratsmann, also zusammen sieben, Münster sechs, die dreizehn aus ihrer Mitte den Bürgermeister, hierzu kamen in den ersten Zeiten, da die Abtei noch dreinsprach, drei Vertreter des Klosters, dann, da im Thal neue Dörfer (Eschach und Hohrod) entstanden, ihre Abgesandten. Also eine Dekapolis, völlig zu einer Einheit verschmolzen und — dies ist das Merkwürdigste von Allem — nie von einem Hauch der Zwietracht berührt; die einzige deutsche Reichsstadt des Mittelalters, von der sich dies sagen läßt. Staunend liest man ihre Annalen; viel Kampf, aber nur nach außen, nie ein Streit um die Verfassung, nie eine Änderung; sie blieb von 1235 bis zur Annexion an Frankreich dieselbe. Die Lokal=

historiker suchen diese beispiellose Eintracht durch die Heimatliebe der Münsterer zu erklären, aber der Nürnberger oder Erfurter liebte seine Stadt nicht minder; hier fehlten eben die Gründe, die anderwärts die Bürger entzweiten. Es war und blieb ein rauhes, armes Volk von Hirten und Sennen, Jägern und Krämern; die wenigen Handwerker und Bauern abgerechnet, lebten sie alle vom Acker, vom Wald, von der Alpenwirtschaft; was Sebastian Münster 1544 von ihnen sagt, gilt für Jahrhunderte vor und nach seiner Zeit: „Ihr Handel und Nahrung ist mehrerteils von dem Viech, denn sie vast gute Weid haben, treiben auch im Sommer ihr Viech auf alle Höhen der Berge, gleichwie im Schweitzer Gebürg." Der einzige Ausfuhrartikel war ihr trefflicher Käse, der im Mittelalter fast noch berühmter war, als heute; von draußen bezogen sie nur Salz, Tuch und Eisen. Wie etwa Schwyz noch heute keine Stadt in unserem Sinne ist, geschweige denn einst war, so wenig das Münster jener Zeit; es gab damals zwischen den Bürgern ums Kloster herum und denen zu Sulzern oder Sondernach hoch oben am Bergkamm kaum einen Unterschied in Sitte, Erwerb und Besitz. So gab es hier keinen Gegensatz zwischen Dörflern und Städtern, Patriziern und Plebejern. Die Reichsstadt Münster war eben keine Stadt, sondern, wie sie sich selbst nannte, eine Gemeinschaft; „Sigillum communitatis vallis S. Gregorii" lautet die Umschrift des uralten Staatssiegels.

So einfach sich die Verfassung und alle Formen des bürgerlichen Lebens darstellen, so verzwickt laufen anscheinend die Linien der äußeren Politik des seltsamen Staats. Fehde reiht sich an Fehde und oft genug ist der Feind von gestern der Freund von heute, morgen aber wieder der Feind. Jedoch auch diese wilden Historien lassen sich auf eine einfache Formel bringen; möglich, daß ich sie selbst herausgebracht hätte, aber jedenfalls hat sie das Schanbabtistle zuerst ausgesprochen. Nicht bloß Portier, sondern auch Stiefelputzer und Menschenfreund, sah er die Geschichtswerke und Urkundenbücher mit Mißvergnügen auf meinem Tisch. „Üns koscht's Lampeöl und Sie, Musie, Kopfschwiiß, ün Beid's ischt für'n Teufel! Was isch da z' stüdiere?! Höre Sie, so sin' mir Münschtertoler g'si, herbeini (hartbeinig) namlig: Mein isch mein; schagrinir (bedrücke) mi net oder i zann (zeige die Zähne)." Recht hatte das Schanbabtistle, das ist der rote Faden dieser Politik. „Mein isch mein!" — sie wollten behalten, was sie hatten, und lieber noch was dazukriegen, als verlieren, darum waren sie immer gegen den Abt und für den Kaiser; und weil es damals Sitte war, daß ein Nachbar den andern „schagrinire", so „zannten" sie allezeit. Nicht immer freilich ging's ihnen gut aus. Dem Nachfolger Rudolfs von Habsburg, Adolf von Nassau, ebenso getreu, wie sie es diesem und vorher den Staufen gewesen, überfielen sie auf sein Geheiß das ihm feindliche Weier im Thal und plünderten es; als sie aber zum zweitenmal kamen, den Weierer Wein zu verkosten, wurden sie überrumpelt und nur wenige kehrten in ihre Berge zurück. Das war 1293 und noch heute geht im Thal das Wort, den Münsterern bekomme der Weierer Riesling schlecht; ich selbst habe es in einem verräucherten Kneiplein zu Weier gehört, aber was es bedeute, verstand niemand mehr. Ein Menschenalter später (1330) gerieten sie um Kaiser Ludwigs willen mit Kaysersberg in Fehde; hier lohnte sich ihnen die Treue besser und aus dem päpstlichen Bann, in den sie als Anhänger Ludwigs gerieten, machten sie sich wenig; den wagte ihr Abt ohnehin nicht in voller Strenge gegen sie anzuwenden. Dazwischen liefen zahllose kleine Fehden mit einzelnen Edlen oder Städten des Thals und Gebirgs um ein Weiderecht, einen Acker, einen Zins — wie die Urkunden besagen, Verteidigungskämpfe und meist mit Erfolg ausgefochten. Aber wer „herbeini" ist und an Spieß und Sturmhaube gewöhnt, macht leicht den Krieg zum Handwerk; wie die streitbaren Sennen von Schwyz und Uri sich Beute aus dem Tessin holten, so stießen die vereinten Münsterer und Colmarer 1350 ins welsche Lothringen nieder und kehrten schwer beladen heim, um freilich kurz darauf (1354) unter einander harte Fehde zu führen. Im selben Jahr aber gründete Karl IV., dem Münster auch eine Gerichtsordnung verdankt, um den Landfrieden zu wahren und dem argen Raubadel zu steuern, den Zehnstädtebund des Elsaß (Münster, Türkheim, Mülhausen, Kaysersberg, Rosheim, Oberehnheim, Schlettstadt, Colmar, Weißenburg und Hagenau); wohl hörten auch damit die Fehden nicht auf, doch minderten sie sich. Freilich, wieviel der beschworene Landfriede, wieviel die Not der Zeit dazu beitrug, mag dahingestellt bleiben; die

Abtei war durch Beraubung des Adels und lockere Zucht so arg herabgekommen, daß hier für die Münsterer nichts mehr zu holen war, und da zudem neben der Abtei auch die Stadt von Bränden heimgesucht wurde, so fehlten ihnen die Groschen für Kriegszüge. Das Beuteland Lothringen aber war ihnen nun verschlossen; der Herzog hatte sich durch Abtretung von Weideplätzen am westlichen Abhang des Vogesenkamms Frieden von ihnen erkauft, auch hatten sie sich verpflichtet, keinen Raubzug nach oder aus Lothringen durch ihr Gebiet zu lassen.

Da bot sich ihnen 1465 unverhofft die Gelegenheit, ehrlich ein Stück Beute zu gewinnen. Einige elsässische Ritter, darunter Herr Hans v. Lüpfen auf Hohhattstatt, hatten in Lothringen geplündert und kehrten mit dem Raub durchs Gregorienthal heim. Die Münsterer warfen sich ihnen entgegen, wurden aber mit blutigen Köpfen heimgeschickt; nur ihre dicke Stadtmauer von 1308 wahrte sie vorm Untergang; sogar ihr Banner fiel in die Hände der Ritter und wurde nach Hohhattstatt gebracht. Wer heut' von Sulzbach aus die Marbacher Höhe emporsteigt, trifft im tiefen Forst auf steilem Hügel die spärlichen Reste der Ruine, die einst, aus gewaltigen Granitwürfeln erbaut, eine der wehrhaftesten Burgen des Gaus war. Auf der Zinne ob dem Hauptthor prangte ein seltsamer Schmuck: eben jenes Schaustück, das heute im neuen Stadtgarten zu Münster steht; von dort oben streckte einst der steinerne Löwe dem Beschauer hohnvoll das gewaltige Hinterteil entgegen. Diesen Löwen schmückte nun Herr Hans von Lüpfen mit dem Banner des Freistaats, so daß das alte zerschlissene Fähnlein, auf dem vor Strömen Bluts kaum noch das Wappen, die drei Türme von Münster zu erkennen war, trübselig das triumphierende Hinterteil umflatterte. Es war ein Witz im Geschmack der Zeit, aber dem entsprach auch die Vergeltung. Auf die erste Kunde vom neuen Schmuck des Löwen ließ der regierende Bürgermeister von Münster, Hans Vogel, das Stierhorn durch die Thäler gellen, und wer einen Spieß, ein Beil, einen Morgenstern tragen konnte, fand sich ein. So zogen sie nach Hohhattstatt und wie viele dabei auch ihr Leben lassen mußten, sie brachen die Burg, holten sich ihr Banner und den Löwen dazu; den stellten sie in ihr Zeughaus. Aber damit waren die Abenteuer des steinernen Ungetüms noch nicht zu Ende; etwa neunzig Jahre später fingen sie erst recht an. Als sich die Münsterer 1550 ihre neue „Herrenstub", das Rathaus, erbauten, natürlich auf dem Markt und gerade dem Abthaus gegenüber, und den Platz vor dem Rathaus mit einem Brunnen zierten, da wußten sie für diesen keinen schöneren Schmuck als den Löwen von Hohhattstatt. Und da sie dem Kloster niemals grün und zudem damals schon lutherisch waren, so stellten sie ihn so, daß sich nun der Abt der Aussicht aufs Hinterteil erfreuen durfte. Böse Zeiten hatte damals das Kloster und der Abt große Sorgen, aber diese Aussicht glaubte er sich als souveräner Reichsstand nicht gefallen lassen zu dürfen, und klagte zuerst beim Landvogt, dann, da dieser sich unzuständig erklärte, bei den Gerichten auf Umdrehung des Löwen,

denn da der Brunnen zum Rathaus gehöre, der Löwe
zum Brunnen und das Hinterteil zum Löwen, und da
der Brunnen vor dem Rathaus stehe, so gehöre auch
der Kopf des Löwen auf den Markt und nicht sein
Gegenspiel, wie ja doch auch das Rathaus seine Fassade
nach dem Markt öffne und nicht seine verschwiegenen
Hinterkammern. Die Münsterer aber argumentierten:
da der Löwe samt Hinterteil ihnen gehöre und der
Platz dazu, so könnten sie ihn stellen wie sie wollten.
Zwei Menschenalter währte der Prozeß und verschlang
große Summen; da entschieden die Richter für die
Stadt, dieweil Löwe und Platz unzweifelhaft reichs=
städtisches Eigen und ein, wenn auch noch so großes,
aber steinernes Hinterteil keine ungebührliche Belästigung
des Nachbarstaates sei. Dabei blieb's aber auch nicht;
um 1700, da die Franzosen die Herren geworden und
mit ihnen der Abt, wurde der Löwe umgedreht . . .
An die neunzig Jahre kehrte er so, gewiß innerlich
darob trauernd, seinen getreuen Münsterern das Hinter=
teil zu, da brauste das Echo des Bastillensturms auch
durch dies Thal und der Löwe bekam die alte Stellung,
wie sie ihm nach dem Ausspruch der weisen Richter
zukam. Nicht für lange! Da genierte eines Tags
einen besonders frommen Unterpräfekten des Löwen
Hinterteil, das er für eine Verkörperung protestantisch=
republikanischen Übermuts hielt, und das arme Tier
wanderte wieder ins Zeughaus; für Jahrzehnte, bis
1890. Da kam ihm die Erlösung; der Löwe wurde
im neuen Stadtgarten aufgestellt, in Wort und Lied
gefeiert. Aber gerade dies sollte ihm gefährlich werden.

Unter den Dichtern, die ihm huldigten, war auch sein alter Verehrer, Th. Vulpinus in Colmar, der ihn schon Jahre zuvor in seinem „Carmina faceta" lateinisch besungen hatte; nun that er's deutsch:
<blockquote>In stolzer Würde steht er da;
Daß ihn der Abt von hinten sah,
Erfreut sein Herz noch heute.</blockquote>
Das Gedicht wurde öffentlich vorgetragen, in dem (nebenbei bemerkt, sehr gut geleiteten) „Boten aus dem Münsterthal" und dann sogar im offiziellen „Führer" durchs Thal abgedruckt. Nun gab's ja in der Stadt nicht Abt noch Mönche mehr, wohl aber Klerikale. Und eines schönen Maimorgens von 1891 lag der Löwe im Grase ... Aber das schicksalsreiche Tier war samt Hinterteil heil geblieben und wurde im Triumph auf einen noch höheren Sockel gesetzt. Nun steht es, wie gesagt, stolz und fröhlich im Sonnenschein mitten unter den rauschenden Eichen des Stadtparks, und könnt' es reden, es würde sicherlich sagen: „Schagrinir mi net oder i zann!"

Bei dem nächsten wichtigen Ereignis ihrer Geschichte, der Einführung der Reformation, hatten die Münsterer diesen Wahlspruch nicht nötig; sie vollzog sich ohne jeden Widerstand des Klosters. Kein Wunder, denn der erste und getreueste Anhänger Luthers im Gregorienthal war — der Abt von Münster, Herr Burkhard Nagel, ein tüchtiger und sittlicher Mann. Alle seine Konventualen, sofern sie jünger als siebzig waren, hatten ihre Liebste, er aber wollte seine Erwählte, ein braves Mädchen, ehrbar ehelichen, wie ja die neue Lehre gestattete. Die Münsterer, schon um 1530 zum Teil lutherisch, hätten nichts dagegen gehabt, aber die Mönche widerstrebten und zwangen ihn, gegen eine Pension auf die Abtwürde zu verzichten, worauf der „verkommene Lüstling", wie ihn Ohl nennt, seine Braut heimführte. Nach seinem frühen Tode verweigerte das Kloster der Witwe eine Abfertigung, was nicht verwundern kann, aber merkwürdig und für den Geist der Zeit bezeichnend ist, daß sie eine solche durch Schiedsspruch erlangte. Ein katholisches Kloster, das Witwe und Kinder seines einstigen Abts versorgen muß — wahrlich, nichts ist so seltsam, als daß es die alte Sonne nicht schon beschienen hätte! Um 1545 waren bereits Stadt und Kleinthal fast ausnahmslos lutherisch; brünstiger, als die Münsterer, wandten sich die Sennen dem Evangelium zu; so namentlich die Sulzerer, die besonders gern Psalmen sangen; das thun sie heut nicht mehr, aber die „Psalterer" nennt man sie noch jetzt, so weit der Hoheneck den Schatten wirft. Am längsten blieb das Großthal katholisch, fiel dann jedoch auch ab, als die Abtei immer mehr verkam; Abt war nun der einzige Mönch im Kloster, Petermann von Aponex, der alles verkaufte, wofür er Käufer fand, Zinsrechte, Güter und Reliquien; ein ganz verkneiptes Peterle. Die Münsterer aber kauften ihm nichts ab, sondern nahmen, was ihnen paßte, auch mit Gewalt; die Hoheitsrechte der Abtei standen nur noch auf dem Papier. Um 1560 gab es im Gregorienthal nur noch einen Glauben und einen Herrn: die evangelische Reichsstadt.

Dabei ist's im Wesentlichen ein Jahrhundert geblieben; der Versuch einer Gegenreformation brachte nur kurze Wirren. Diese auszugleichen, unterwarfen sich Abtei und Reichsstadt dem Schiedsspruch des greisen kaiserlichen Feldherrn Lazarus von Schwendy (1575); er entschied, wie die Vernunft gebot, zumeist für die Stadt, denn die weltliche Gewalt der Abtei ließ sich ja im protestantisch gewordenen Thale nicht wieder aufrichten. Als der Abt ablehnte, sich dem Schiedsspruch zu beugen, setzte ihm der alte Hitzkopf den Dolch auf die Brust und er unterschrieb; „er hat ihm zügeredt, wie der Schwendy dem Fase", hört man noch heut im Thal, aber wenn auch vielleicht die Drohung des biederen, aber jähzornigen Soldaten ernst gemeint war, so doch schwerlich die Weigerung des Abtes. Denn der Schiedsspruch gab der Abtei mindestens soviel an Macht und Einkünften, daß sie ihre Scheinexistenz als Reichsstand fortspinnen konnte. Eine jämmerliche Existenz, und wenn einer dieser souveräner Herren und Äbte in einem Schreiben an seinen Vetter, welches das Münsterer Stadtarchiv bewahrt, bittere Klage darüber führt, daß die scharfen Zungen der Ketzer ihn gezwungen, alle seine Köchinnen bis auf eine, die „leidergotts gar alt und fast häßlich", abzuschaffen, so beweist dies eine beneidenswerte Fähigkeit, über persönlichen Entbehrungen das allgemeine Leid zu vergessen. Denn damals gab's noch zwanzig, 1630 noch zehn und 1636 zwei katholische Familien im Thal; schon vorher war der letzte Abt vor den Schweden geflohen. Das war das Ende der Reichsabtei Münster, obwohl sie als Schatten noch sehr lange fortspukte.

Und die Reichsstadt Münster? Auch ihr letztes

Jahrhundert ist das unrühmlichste ihrer Geschichte. Natürlich gab's nun keine Fehden mehr, aber äußere Politik trieb die Regierung auch nun; in welchem Maßstab läßt sich denken, wenn man erwägt, daß der Zwergstaat damals, durch Seuchen decimiert, rund 1800 Seelen zählte, und 1630 nur noch 1500. Da Frankreich der Erbfeind war und von Straßburg die Weisung kam, die Grenzen scharf zu beobachten, that auch Münster seine Schuldigkeit und noch mehr; es entsandte auf seine Kosten einen „fiffigen Mölkerknecht" (Sennen) nach Metz, um festzustellen, was der König von Frankreich plane; der Knecht machte seinem Epitheton Ehre, er meldete, Ludwig XIII. habe „garviel Söldner und Reutter"; dahinter stecke „iwle Sach", was sich ja auch bewahrheiten sollte. Auch auf dem Kreistage zu Worms ließ sich die Republik vertreten, doch that dies leider ihr Gesandter selten mit dem nötigen Nachdruck, weil er meist nur Naturallohn in Form von Münsterkäse und gedörrten Forellen erhielt, was ja thatsächlich trotz aller Genügsamkeit die würdige Repräsentation eines souveränen Staates schwer macht.

Das sind lustige Sachen; die inneren Verhältnisse aber bieten ein düsteres Bild. Die Not der Zeit — eine Seuche folgte der anderen —, der Haß gegen den mühsam abgeschüttelten Papismus, der Zufall, der ihnen in ihrem Prediger Leckteig einen kalten Fanatiker zuführte, ließ die Münsterer in eine finstere, starre Orthodoxie verfallen. „Dieweil der allmächtig Gott uns um unserer großen Sünden willen mit schweren Gewittern, Mißwachs, Krieg und Pestilenz jetzt heimsuchet und kein ander Mittel ist, um seinen wider uns gefaßten Zorn aufzuhalten" — so beginnt die Kirchenordnung: „Gebott und Verbott wider allerhand Laster" von 1575, und dann folgen drakonische Vorschriften, deren gleichen man selbst in jener Zeit suchen mag. Auf Gotteslästerung und Ehebruch stand der Tod, Konkubinat wurde mit immerwährender, Verkehr unter Verlobten mit einjähriger Verbannung gebüßt; auf Ausbleiben vom Kirchenbesuch stand zunächst eine Geldbuße von etwa fünf Thalern heutigen Geldwerts, dann Freiheits- und entehrende Strafe. Ihr zu entrinnen war aber kaum möglich, denn an den Sonn-, Fest- und (vier!) Bußtagen mußte jedermann, an jedem Mittwoch mindestens ein Glied der Familie die Kirche besuchen, und nun gab's außer Münster nur noch eine Kirche im weitgestreckten Thal! Bei schwerer Haft verboten waren die „Gweltstuben" (Kunkelstuben) und das „Schwammen" (Fensterln); bei Hochzeiten durften nicht mehr als zehn Gäste geladen sein. Merkwürdig ist die Bestimmung: „Wer sich mit einem Welschen verheiratet, wird aus Stadt und Thal verbannt"; sie hatte unleugbar auch nationale, hauptsächlich aber religiöse Gründe; die „Welschen" jenseits der nahen Sprach- und Reichsgrenze waren ja katholisch! . . .

Ob die Strenge nützte?! Schon nach drei Jahren wurden die Zügel noch schärfer angezogen; 1578 gab der Rat den Predigern „Erlaubnis und Befehl, den christlichen Bann öffentlich zu führen", — und wieder einige Jahre später zog die Exkommunikation den Verlust aller bürgerlichen Rechte nach sich — weiter ging's nun freilich nicht... Es ist die alte, traurige Geschichte: der Gewissenszwang macht die arme Kreatur dumpfer, trauriger, heuchlerischer, aber nicht besser und reiner. Kein Wunder, daß im Brodem dieser stickigen Luft, unter einer Regierung von abergläubischen Kleinbürgern und Sennen der Berge, die sich finsteren Priestern beugten, auch die Pest des Hexenglaubens unerhörte Opfer forderte. Von 1596 bis 1632, also binnen einem Menschenalter, wurden, soweit die Aufzeichnungen des Stabtarchivs reichen — vollständig sind sie sichtlich nicht — rund 30 Hexenprozesse gegen etwa 50 Weiber, Männer und Kinder geführt; die meisten wurden zum Tode verurteilt und auf der „Pfistermatt", einem Anger vorm Stabtthor, wo heute der Bahnhof steht, verbrannt. Schätzt man die Zahl der Opfer nur auf 40 und erwägt man, daß die Seelenzahl damals nur noch etwa 1500 betrug, so ergiebt schon dies das furchtbare, selbst in der Geschichte der Hexenprozesse beispiellose Rechenexempel, daß während jenes Menschenalters etwa jeder vierzigste Mensch im Thal auf dem Scheiterhaufen starb! Wie überall, richtete sich auch hier der wüste Wahn meist gegen ältere Weiber — namentlich das Gewerbe einer Hebamme ging geradezu an Hals und Kragen —, von Hexenmeistern waren nur zwei angeklagt, hingegen im Herbst 1632 fünf Kinder zwischen fünf und zehn Jahren. Auch die entartetste Phantasie könnte nichts gleich Häßliches und Empörendes ersinnen, als diese in allen Formen der hochnotpeinlichen Gerichtsordnung geführten Prozesse gegen arme, hilflose Kinder, deren eines offenbar am Veitstanz litt, während die anderen das einzige verbrochen hatten, daß sie dem kranken Kinde nachplapperten, sie seien mit ihm auf Katzen nach Münster zur Kirche geritten! Die Prozesse gegen die Weiber gleichen sich natürlich aufs Haar; der Richter fragte eben, und die Gefolterte stöhnte ihr „ja!", kaum daß zuweilen ein hysterisches Weib etwas Farbe in dies Gemisch von Wahnsinn, Grausamkeit und Lüsternheit bringt. Sie war Witwe oder hat mit ihrem Ehemann in Zwietracht gelebt; da erscheint ihr der Böse als stattlicher Junker und verführt sie. Die Hochzeit wird dann auf einer der einsamen wilden Bergklippen im Kleinthal gehalten; die Morgengabe „Peterlins", wie sich hier der Teufel fast immer nennt, besteht aus einem großen Stück Gold, einem Stock und etwas Salbe. Das Gold wandelt sich in Unrat, aber auf dem Stock kann die Hexe reiten, und die Salbe bringt jedem, den sie haßt, Siechtum und Tod. Auch die Veranlassung zum Prozeß ist fast immer die gleiche; irgend ein Strolch schimpft ein verhutzeltes Weiblein eine Hexe, worauf sie ihm das Gesicht zerkratzt; aus Rache läuft er zum Rat, und sie kommt in den Hexenturm. Aber noch Schlimmeres steht in und zwischen den Zeilen der Akten. Die schöne, neunzehnjährige Anne Marie, eine reiche, verwaiste Erbtochter aus Sondernach, mußte sterben, weil ihre Verwandten, die sie dann beerbten, eidlich bekundeten, die Anne Marie habe ihnen gestanden, sie weise auf Geheiß ihres teuflischen Buhlen jeden Freier ab...

Homo homini lupus — während die Unglücklichen sich selbst zerfleischten, fielen andere über sie her. Noch mehr als die meisten Gaue Deutschlands hatte das Münsterthal unter den Greueln des dreißigjährigen Kriegs zu leiden. Schon die Kriegssteuer traf das verarmte Thal hart, dazu die Kosten der kaiserlichen Garnison, aber noch schwereres Unheil brachten die Unthaten der Soldateska; die Kaiserlichen plünderten und mordeten, ehe sie flüchteten; die Schweden und die Franzosen zur Feier ihres siegreichen Einzugs. Wie das „wildt gethier" hausten sie; das Thal verödete; an die sechshundert Menschen flohen, das nackte Leben zu retten; an die dreihundert mußten sterben, unter dem Schwert, an den Folgen der Mißhandlung, vor Hunger und Kälte. Stadtchronik und Kirchenbuch sind mit Ausbrüchen wilder Verzweiflung gefüllt, aber nicht sie sind das erschütterndste Denkzeichen jener entsetzlichen Zeit, sondern das Lob der göttlichen Vorsehung aus dem Winter 1640, weil sie Rudel von Wölfen geschickt, welche die Leichen gefressen, die sonst, unbeerdigt geblieben, wohl auch noch Seuchen hervorgerufen hätten! In Münster war kein Haus unversehrt; die Bürgerschaft am Bettelstab; im Gebirge aber führten einzelne Verzweifelte einen Guerillakrieg gegen die Dränger, ob es nun Kaiserliche, Schweden oder Franzosen waren. Unfern der „Schlucht", am Nordabhang des Hoheneck, stürzt steil ein „Schlatten" (eine Schlucht) zum Frankenthal nieder; die Rinne heißt noch heute der „Soldatenschlatten"; hierher lockten die Sennen 1637 einen Trupp kaiserlicher Reiter, die im Kleinthal gebrandschatzt hatten, und drängten sie in die Tiefe; nur einer entkam. Im Frankenthal ist eine Höhle mit eiskalter

Quelle, der Keller genannt. Der Pfad, der hinführt, heißt der „Königspfad", hier soll sich einst der Merovinger Dagobert II. vor seinen Feinden verborgen haben. Diese Sage ist keinem Sennen bekannt, wohl aber weiß jeder, daß der „Keller" den Mädchen und Frauen des Kleinthals während des großen Kriegs eine Zufluchtsstätte geboten habe. In Sulzern führten sie mich, als die Rede auf jene Zeit der Not kam, zu einem versteckten alten Stall: hier habe damals die einzige Kuh im Gregorienthal gestanden, welche die Soldaten nicht weggetrieben; das Wasser sei ihr des Nachts gereicht worden; nur weil sie gekalbt habe, sei die „Münsterthaler Rasse" erhalten geblieben. Romantischer, wenn auch nicht bezeichnender ist das Münsterer Wahrzeichen jener Zeit. Im „Fohpurdelme", wie's das Schanbabtistle nannte — „Faubourg d'Elme"; es ist aber die urdeutsche „Allmende" des Städtchens — liegt ein verfallenes Häuschen; hier hat der greise, riesige Schmied Hans Würth als Rächer seiner Ehre den beiden Schweden, die seine Tochter entehrt, mit seinem Hammer den Schädel zerschmettert. Freilich verfiel er dafür dem Henker, aber während seine Mitbürger um ihn weinten, ging er tapfer zum Galgenberg, wie der Hügel ob der Stadt noch heute heißt, stolz aufgerichteten Haupts, wie ein Sieger. Mir ist kein deutscher Gau bekannt, wo die Erinnerung an den dreißigjährigen Krieg im Volk so lebendig wäre wie hier. Kein Wunder, wenige haben damals gleich schwer gelitten.

„Dem Höchsten sey aufs Höchste gedanckht!" Mit diesem Beisatz verzeichnet das Münsterer Kirchenbuch von

1648 die Nachricht vom „allgemein Fribinsschluß." Und ein zeitgenössischer Bericht fügt hinzu, daß „damahlen in Stadt und Thal seit menschengedenckhen wieder zum Ersten mahl Freudtthränen geflosen". Nun war ja die Not vorbei, und sie durften bei ihrem „teutschen Reich und Lutherwort" bleiben. Österreich hatte an Frankreich seine eigenen Gebiete im Elsaß abgetreten, auch war nun Ludwig XIV. „Landvogt", aber das bedeutete dem Zehnstädtebund, also auch Münster gegenüber, lediglich die Pflicht des Schutzes ihrer Reichs= unmittelbarkeit. Ebenso klar wie die Freiheit der Reichsstadt Münster verbriefte der westfälische Friede auch die der Reichsabtei; beide blieben von Rechts wegen souveräne deutsche Reichsstände. Daran zweifelte auch in der ersten Zeit nach dem Friedensschluß niemand. Heimgekehrt, schloß sich der Abt, um die kärglichen Reste der einstigen Macht im lutherisch gewordenen Thal zu bewahren, nicht etwa an das katholische Frankreich, sondern an die schwäbische Kongregation der Benediktiner an, die ihn dann durch Geld und Novizen unterstützte, weil er ins Kloster keine Welschen aufnehmen wollte; ebenso handelte sein Nachfolger. Noch nachdrücklicher hielt die Stadt am Reich fest, da hier die Sorge um den Glauben und die eigenen Privilegien mitsprach. Die Friedenssteuer wurde trotz der Not der Zeit willig ge= tragen, weil es „fürs Reich" war; als sie von den Lothringern, die ja auch nach 1648 den Kampf gegen Frankreich fortsetzten, 1652 gebrandschatzt wurden, wandten sich die Bürger um Hilfe an den oberrheinischen Kreistag zu Worms, der sie auch, wenngleich nur kärglich, gewährte.

Während sie noch voll Zuversicht waren, begann Mazarin sachte mit den Reichsständen im Elsaß aufzuräumen. Es geschah anfangs vorsichtig, aber zielbewußt und unaufhaltsam. Im Gregorienthal wurde zunächst die Reichsabtei aus einem schwachen Bollwerk gegen ein starkes für die Franzosen, aber erst nach dreijährigem Widerstand der Mönche. Dieser Widerstand ist ein merkwürdiger Beleg, wie stark damals noch der Haß gegen Frankreich im Elsaß war. Als 1653 der deutsche Abt gestorben war, wählten die Mönche einen Schwaben, Kleinhans, während der französische Landvogt, d'Harcourt, kurzer Hand seinen Sohn zum Abt ernannte. Und nun erwäge man die Lage: die Anerkennung des Franzosen bedeutete für das Kloster Wohlstand und die Möglichkeit, wieder für die Ausbreitung des Glaubens zu wirken, die des Schwaben Armut und fortgesetzten Triumph der Lutherischen. Gleichwohl wehrten sich die Mönche trotzig gegen d'Harcourt; die „uralb teutsche Abtey dürfet nit verwelscht werden"; erst 1656, da ihre Not aufs Höchste gestiegen war, fügten sie sich drein. Statt des jungen Harcourt bestimmte die Regierung jedoch nun einen Pariser Prälaten, Charles Marchand, Almosenier des Königs, für den politisch wichtigen Posten. Anscheinend änderte sich ja dadurch nichts; auch Marchand wurde deutscher Reichsstand und leistete den Bürgern von Münster den Eid, ihre Freiheiten nicht anzutasten; in Wahrheit bedeutete sein Amtsantritt den Beginn der katholischen Gegenreformation und schwerste Schädigung der Stadt. Schon 1659 trat die Abtei aus der schwäbischen Kongregation aus und der französischen von Saint-Vanne bei; die deutschen Mönche wurden gezwungen, das Kloster zu verlassen, und französische zogen ein; gleichzeitig wurde das Kloster neu aufgebaut. Dazu bedurfte es großer Mittel, aber Marchand schaffte sie; die Rechte der Abtei gegenüber der Reichsstadt wurden „revidiert"; Acker, Forst und Zins forderte der Prälat zurück, und die französischen Richter sprachen sie ihm zu. Auf die neu gewonnenen Güter aber wurden Katholiken gesetzt, Welsche aus Lothringen, Tiroler und Schweizer.

Wie die Bürger der Reichsstadt dies aufnahmen? Es braucht kaum gesagt zu werden, da man nun ihre Art kennt; sie „zannten" immerzu. Aber nur in den ersten Jahren, da die Franzosen noch Gewaltthat vermieden, fruchtete der Widerstand mindestens scheinbar. Gleich den Kolmarern bequemten sich die Münsterer 1650 nur dazu, den französischen Landvogt soweit anzuerkennen, als „Unß die Munsterschen Fridens Articul binden"; nächst den Kolmarern wars ihnen zu danken, wenn d'Harcourt den Zehnstädten, sie zu beruhigen, im Juli 1653 Achtung ihrer Reichsunmittelbarkeit zusichern mußte. Als aber Mazarin den Revers des Landvogts als zu weitgehend annullierte, erklärten sie im selben Jahr auf dem Reichstag zu Regensburg, sie hielten am Reich fest, es komme, was da wolle, und „jubilireten", als ihr Vertreter 1655 vom Wormser Kreistag die Kunde mitbrachte, sie hätten nun nach des Reichs neuer Kriegsmatrikel „zween Mann zu Fuß und ein halben Mann zu Pferd" zu stellen; es war zwar ein halber Fußgänger mehr als bisher, aber das Reich mußte eben gegen den Welschen gerüstet sein! Als Frankreich 1657 den „Conseil Souverain d'Alsace" zu Ensisheim errichtete und den Zehnstädten auftrug, fortab dort Recht zu nehmen, erwiderte Münster, es sei seit 1235 selber Gerichtsherr und darüber hinaus lebe ja noch das Reichskammergericht. Und 1658 sandten sie, so arm sie waren, zur Krönung Leopolds I. einen Vertreter nach Frankfurt a. M., damit er im Verein mit den Abgesandten der anderen elsässischen Reichsstädte die Aufnahme eines sie betreffenden Artikels in die Wahlkapitulation durchsetze. Das gelang, der Kaiser beschwor, die Zehnstädte beim Reich zu erhalten, und obwohl der Münstersche Gesandte diesmal nicht bloß unzählige Käselaibe und ganze Tonnen gedörrter Forellen, sondern auch bar Geld liquidierte, reute sie dies doch nicht. Ach, der Schwur war keine Forelle, geschweige denn einen Laib ihres trefflichen Käses wert! Nun, wird man einwenden, das mußte eben das Häuflein einfältiger Sennen nicht und hielt Frankreich Stand, weil es sich durch das Reich geschützt wähnte. Aber — und dies ist das Merkwürdige, ja Rührende — sie blieben stark, trotzig und treu, auch als dieser Wahn ins Wanken kam.

Das war schon 1661, als der neue Landvogt, Armand de Mazarin, ein Neffe des Kardinals, den Treueid von den Zehnstädten forderte; sie verweigerten ihn und wandten sich um Hilfe an den Kreis; dieser aber — antwortete nicht! Trotzdem erklärten sie, „sie schwüren sich nimmer vom Reiche los"; der Landvogt ließ ihren Vertreter, wie den von Kolmar „bei Mantel und Arm" zur Thür hinausweisen, schimpfte sie „öffentliche Rebellen" und drohte mit seinem Kriegsvolk, sie blieben fest. Da nun Mazarin das Äußerste noch nicht wagte, so lenkte er ein; die Eidesformel wurde 1662 soweit verändert, daß der Rat sie ohne Beschwerung seines Gewissens leisten konnte, aber auch dies geschah nicht eher, als bis Mazarin seinerseits der „Ville et Vallée Impériale de Munster', ein „serment corporel" geleistet hatte, ihr „tous les droits, privilèges, immédiateté, libertéz, immunitéz, franchises, anciennes coutumes" zu wahren. Aber was dieser Eid wert war, erwies sich schon wenige Monate später, als Abt Marchand, wie erwähnt, die Inventur des Klosters „revibierte" und gleich den halben Besitz von Münster, Türkheim und Kolmar in Anspruch nahm; er griff dabei bis auf die Schenkungen Dagobert II. zurück und berief sich u. A. darauf, daß er ja die Krone des Merovingers als Abtmitra trage. Die Städte, obwohl die Gefahr nicht unterschätzend, erwiderten kaltblütig, das „alt Blech" beweise nichts; das möge der welsche Abt behalten, sie aber den von ihren Vätern ererbten Boden, beachteten die Ladung des Landvogts vor den „Conseil Souverain" nicht, sondern luden ihrerseits den Abt als deutschen Reichsstand vors Reichskammergericht zu Speyer. Mazarin untersagte ihnen dies, sie blieben fest. Das Reichskammergericht erklärte sich für kompetent; Frankreich und das Reich unterwarfen sich einem Schiedsgericht, das über die Kompetenz entscheiden sollte, jedoch erst sieben Jahre später (1672) trat dies Schiedsgericht zusammen, erst 1674 entschied es für's Reich, erst 1675 begann das Verfahren, und als es zur ersten Ladung des Abtes kam, war Münster längst rechtlos geworden.

Gewehrt aber hat sich die winzige Republik noch ein Jahrhundert lang, tapfer und trotzig, schließlich tollkühn und verzweiflungsvoll. Auch die Geschichte dieser Kämpfe verdient erzählt zu werden. Im Elsaß jener Tage findet sich kaum ihres Gleichen. Man weiß, Ludwig XIV. fand dort geringen Widerstand; und das ist begreiflich. Ein starkes Nationalgefühl in unserem Sinne gab's ja damals noch nirgendwo; es war mehr Festhalten am Gewohnten und Ablehnung des Fremden, als Liebe zur eigenen Art; das ungleich stärkere religiöse Gefühl aber sprach selbst bei den Protestanten nicht gegen Frankreich, das gleich Schweden ihr Bundesgenosse im Kampf um die Religionsfreiheit gewesen. Ferner die Machtverhältnisse beider Staaten: hier ein zerbröckelndes Reich in morschen Formen, siech und von Zwietracht zerrissen, dort eine gleichsam täglich mehr erstarkende absolute Monarchie unter einem genialen Fürsten. Kein Wunder, daß damals gerade die besten Köpfe im Elsaß in der Herrschaft Ludwigs XIV. kein Unheil erblickten; am liebsten wären sie ja zugleich auch beim Reich geblieben, um ihre Privilegien zu bewahren; aber war's unmöglich, so trösteten sie sich mit der Zusage des Königs, diese zu achten. Mächtig wirkte endlich beim Adel wie bei den Patriziern der größeren Reichsstädte die Anziehungskraft der feineren französischen Sitte, wie der für feiner gehaltenen Sprache mit. Anders freilich das Volk, dem der Erbhaß gegen den Welschen im Blute saß; schon darum regte sich der Widerstand vornehmlich in den kleinen, demokratisch regierten Reichsstädten. Aber nicht darum allein: wie weltdumm — warum sollte man dies Wort nicht bilden dürfen, da wir „weltklug" sagen — die Bürger von Türkheim oder Hagenau auch waren, die Erkenntnis dämmerte auch ihnen, daß ihnen ein starker Großstaat ihre Freiheiten gar nicht lassen könne, z. B. das jus gladii oder das Zoll- und Wegerecht. Am stärksten aber mußte der Widerstand in Münster sein, wo Abt Marchand seit 1659 mit dem Verwelschen, seit 1662 mit dem Ansiedeln von Katholiken und dem „Rückfordern des Klosterguts" begonnen hatte, in allem von Frankreich gefördert und geschützt. Ferner aber, mit den Münsterern verglichen, waren selbst die Türkheimer noch weltkundige Diplomaten; dort saß ein armes, einfältiges Volk, rauh und einsam wie seine Berge. Gewiß, klug handelten die Münsterer nicht, als sie mit dem großen Frankreich haderten; aber diese dunkle Erde wäre noch viel lichtloser, wenn alle Menschen immer zahm und klug handeln würden, und wenn sie nicht zuweilen von der Lohe jenes Kampfs erhellt würde, welcher der heiligste ist, den Menschen durchzufechten haben, des Kampfs ums Recht. In diesem Sinne will ich's versuchen, zu berichten, wie sich hier ein Häuflein Gemarterter immer wieder gegen seinen Zwingherrn erhob, soweit ich es aus den mir zugänglichen Quellen erkunden konnte. Denn es ist für die Denkweise der gebildeten Elsässer nach 1870 gewiß bezeichnend, daß sowohl der Protestant Hecker wie der Katholik Ohl diese traurigen Dinge totschweigen oder doch zu beschönigen suchen.

Der erste energische Vorstoß Frankreichs gegen die Zehnstädte geschah 1664; ein Reskript Ludwigs XIV. sprach ihm die Disposition über Stadtmauern und Zeughäuser, sowie die in Kirchensachen zu und verordnete Vollziehung der Magistratswahlen unter Vorsitz des Landvogts. Der Herzog von Mazarin besuchte jede der zehn Städte, das Reskript zu verkünden. Fünf der Städte fügten sich; drei andere, Colmar, Schlettstatt und Türkheim hörten den Herzog an, protestierten aber, während Hagenau und Münster ihm ihre Thore schlossen. Nach Hagenau konnte er nun nicht, wohl aber nach Münster, weil eins der Stadtthore im Bann der Abtei lag; aber es nützte ihm nichts. Die zweihundert waffenfähigen Männer der Stadt und des Thals zogen vor die Abtei und forderten, der Herr möge sich wegscheeren; das Papier in seiner Tasche kümmere sie wenig; wörtlich läßt sich in unserer zahmen Zeit nicht wiedergeben, wie die Münsterer das Reskript Ludwigs XIV. einschätzten. Als er dagegen remonstrierte, ward ihre Haltung eine so drohende, daß er schließlich verkleidet entfloh. So mußte der Statthalter des mächtigsten Königs der Christenheit sich in schimpflicher Flucht aus dem winzigen Münster retten, um Schlimmerem zu entgehen; die Bank, auf der sie ihm eine Tracht Gegengründe gegen das Reskript aufzählen wollten, stand schon bereit.

Es war billige Weisheit, den „groben Mölkern" blutige Vergeltung vorauszusagen; sie kam aber, äußerer Verwicklungen wegen, erst 1673: da machte der König persönlich der „Rebellion" im Elsaß ein Ende. Am 18. August 1673 überwältigte er mit 5000 Mann Kolmar; am 19. wurde Türkheim besetzt; am 25. ritten sieben Schwadronen Wallonen in Münster ein. Widerstand wäre Wahnsinn gewesen, wurde aber gleichwohl von den Sennen nur deshalb nicht versucht, weil sich der Rat verzweiflungsvoll dagegen stemmte. Münster wurde wie eine eroberte Stadt behandelt, die Bürgerschaft entwaffnet und gezwungen, Mauern und Türme selbst zu schleifen, eine hohe Kontribution zu entrichten. Das lief ohne Blutvergießen ab; anders aber, als im Winter neue Garnison kam, die es namentlich auf den abgelegenen Höfen bestialisch trieb. Der Rat konnte dies ebensowenig hindern, als daß dort oben mancher Reiter spurlos verschwand ...

Im Herbst 1674 kam den Bedrängten noch einmal, zum letzten Mal, die Hoffnung, das Reich werde sie „dene welsche Geyerskralle entreißen". Die Franzosen hatten vor den Kaiserlichen und Brandenburgern das Elsaß geräumt, nach dem Gregorienthal kamen vier Schwadronen Brandenburgischer Dragoner; in der Abtei, aus der Abt Marchand geflüchtet war, residierte zwei Monate der Sohn des Großen Kurfürsten, Prinz Friedrich, der nachmalige erste König von Preußen. Es ist rührend zu lesen, wie die armen Thalleute ihr Letztes opferten, die Gäste gut zu bewirten; waren sie doch „ihre lieben Freundt und fast Retter" und wie sie „lutherisch und teutsch". Ach ja, „fast" hätten sie sie gerettet; aber da kam die Schlacht von Türkheim, das Zerwürfnis zwischen dem Großen Kurfürsten und dem Kaiser, schließlich der Friede von Nymwegen. Das Elsaß war verloren, und keine Stadt bekam das so zu spüren wie Münster. Kaum erschwingbar waren die Kriegskontributionen; seit 1679 klang im Thale keine evangelische Kirchenglocke mehr, der Rat hatte sie verkaufen müssen. Zu dieser Mehrung der Lasten gesellte sich jähe Minderung der Einnahmen; unter dem Schutz der französischen Säbel beschlagnahmte die Abtei die von ihr beanspruchten Güter; auch dabei floß Blut, zu Sondernach und Metzeral, zu Sulzern und Stoßweier ... Ein Jahr später, 9. August 1680, sprach die „chambre des réunions" zu Breisach die Reichsstadt Münster der Krone Frankreich zu. Das war der offizielle Sterbetag des merkwürdigen Staats.

Es giebt Orte auf Erden, wo das Schicksal die Curiosa häuft, als wollte es seinen Spaß mit ihnen treiben; zu ihnen gehört Münster. Zweierlei namentlich kam auch nun anders, als man für möglich halten sollte. Auch jetzt noch gab es von Rechtswegen zwei Souveräne im Thal: Frankreich und — die Abtei! Um sie kümmerte sich die Breisacher Kammer nicht; der welsche Abt blieb deutscher Souverän. Als die Gesandten des Reichs und der französischen Republik im Januar 1801 zu Luneville zusammentraten, den Frieden zu schließen, der den Rhein zu Deutschlands Grenze machte, revidierten sie vorsichtshalber ein altes Verzeichniß der linksrheinischen Reichsstände, um festzustellen, welche von ihnen als an die Republik abgetreten zu verzeichnen seien, — da fanden sie zu ihrer großen Heiterkeit die verschollene Souveränität in den Vogesen! Ein richtiges Gespenst von Staat, denn damals gab's schon seit zehn Jahren zu Münster keinen Abt und kein Kloster mehr. Aber das Kuriosum hatte gute Gründe. Die Äbte waren die geistlichen Büttel Frankreichs, das lutherische, deutsche, trotzige Thal katholisch, französisch und zahm zu machen; zum Lohn erhielten sie alles, was sie vom Gut der Bürger forderten. So windig damals die Rechtspflege war, so wäre dies doch schwer möglich gewesen; denn nicht blos vor Jahrhunderten gewaltsam genommene, auch käuflich erworbene Aecker wurden nun den Bürgern entrissen. Prozesse also wären unbequem, auch umständlich gewesen; darum wurde seit 1680 viel kürzer verfahren: der souveräne Abt sprach sich diesen Acker und jenen Forst zu, und der Nachbarsouverän lieh ihm seinen weltlichen Arm, sie zu behaupten. Wollten die Unglücklichen nun den Abt verklagen, so wurden sie hohnvoll ans Reichskammergericht verwiesen; dies sei ja noch immer kompetent! So hat es bis ins 19. Jahrhundert hinein in diesem närrischen heiligen Römischen Reich deutscher Nation auch einen deutschen Reichsstand gegeben, der es nur deshalb blieb, um Deutsche leichter verwelschen zu können. Klingt's auch wie Wahnsinn, so hatte es doch verflucht viel Methode.

Die andere, fast unglaubliche Thatsache aber ist,

daß die Münsterer auch nun fortgesetzt rebellierten. So unsäglich der Druck, so trotzig der Volkscharakter war, hier bleibt ein Rest des Unbegreiflichen. Von 1680 bis 1788 immer dasselbe traurige Schauspiel eines Verzweiflungskampfs trotz entsetzlicher Vergeltung. Obwohl der Rat sowie der gemeinsame Besitz erhalten blieb, und zunächst nur ein königlicher Prätor („Prévôt") an die Spitze der Verwaltung trat, kam es bereits bei der Annexion, namentlich in den Dörfern, zu blutigen Szenen; die einzige Folge war freilich, daß sie nun zu allen anderen Lasten die einer Garnison zu tragen hatten. Trotzdem wiederholte sich der Aufruhr fast bei jeder einschneidenden Neuerung; 1682 wurde ein königlicher Richter bestellt, 1683 Zuzug nur Katholiken gestattet; 1685 in Gericht und Rat die französische als einzig erlaubte Sprache eingeführt; eine drakonische Härte, da, den Staatsschreiber abgerechnet, kein Eingeborener die Sprache kannte, die Leute also Verhandlung und Urteil über ihr Gut und Blut nicht verstanden; und ein unwürdiges Gaukelspiel, da nun Bürgermeister und Rat unterschrieben, was der Prévôt diktierte; ach, nun war die neue Aussicht auf des Löwen Hinterteil wirklich ihre geringste Sorge! Als dann der Intendant de la Grange 1687 gar die Verordnung erließ, die alte Bauerntracht abzulegen und sich französisch zu kleiden, drang er damit freilich nicht durch: die Leute weigerten sich; und als ihnen nun Hirtenwams und Kaputrock bei strenger Strafe verboten wurde, legten sie diese allerdings ab, zogen aber nichts anderes an, so daß die Verordnung einschlief, da doch der allerchristlichste König seine Untertanen nicht in abamitischem Kostüm herumlaufen lassen konnte. Auch ein anderes Mandat blieb ohne Wirkung: als Preis für den Übertritt zum Katholizismus war dreijährige Steuerfreiheit und ein ebenso langes Moratorium für Schulden ausgesetzt; aber das that in Münster selbst der ärgste Lump nicht; hier trat niemand über. Ein drittes Mandat wirkte gar nur segensreich: es verordnete, daß uneheliche Kinder katholisch getauft werden mußten — und siehe, was keine noch so drakonische Kirchenordnung bei den Thalleuten hatte erreichen können, bewirkte dies Mandat: nun sorgten sie dafür, daß der Verführer das Mädchen heiratete, ehe es Mutter wurde. Schlimme Entrüstung aber, die schlimmste, weckte und unterhielt die fortgesetzte Beraubung der Kommunität durch das Kloster; wie arg sie war, mag man daraus erkennen, daß der Nachfolger Abt Marchands, de la Grange, ein Bruder des Intendanten, Kirche und Kloster prunkvoll neu aufführen, mit Gold- und Silbergerät, Gobelins, Statuen und Schnitzwerk überreich schmücken konnte. Es konnte ja aus dem Vollen gehen: denn war einmal Ebbe in den Kassen, so nahm der Abt eben wieder neue Forste, Matten und Äcker in Beschlag, um sie an Katholiken zu verpachten oder zu verkaufen; bereits um 1700 gab es wieder drei katholische Gemeinden im Thal. Wie ein Schrei der Verzweiflung klingt eine Eingabe der Münsterer an den Rat aus derselben Zeit: man möge ihnen doch jetzt wenigstens ihr bischen Gut gönnen und sie ungestört arbeiten lassen, weil sie sonst ver-

hungern müßten; denn nun mußte auch an den
unzähligen katholischen Festtagen alle Arbeit ruhen.
Aber statt der Abhilfe wurde zur Vorbeugung neuen
Aufruhrs nur eine Verstärkung der Garnison verfügt,
unter deren Schutz dann weitere Gewaltthaten folgten.
Obwohl die neue Klosterkirche für die dreißig
Katholiken, die außerhalb der Abtei in Münster
wohnten, wahrlich ausreichte, wurde ihnen die pro=
testantische Pfarrkirche 1704 zur Mitbenutzung einge=
räumt; die Orgel ward entfernt, Altar und Chor blieben
den Katholiken vorbehalten; nun waren die auch hier
die Herren. Wieder kam es zu Aufläufen, 1708 aber,
als Ludwig XIV. nach der Schlacht von Oudenarde
zeitweilig bedrängt war, zu größeren Unruhen, die
dann blutig unterdrückt wurden.

Nicht für lange. Oberhalb Sulzern zweigt heute
von der Schluchtstraße gegen Norden ins tiefe Wald=
gebirg ein schmaler Fußsteig ab. Wenige folgen ihm,
denn er führt in scharfer Steigung durch düsteren
Föhrenwald; rechts und links die unermeßliche grau=
grüne Waldwildnis und als einziger Gefährte ein
Bächlein, das zu Thal stürmt und sich, freilich nicht
immer, das Bette so breit gegraben hat, daß noch
für den Pfad Raum ist. Sehr einsam und traurig ist's
hier; rings kein Laut als das Klingen der Nadeln
im Windhauch oder eines hungrigen Falken Ruf; und
wie nun der Pfad auch aus dem Wald und vom
Bach hinwegführt, eine steile, kahle Halde empor,
ist's, als schritte man der Grenze allen Lebens
entgegen; denn ob der Halde türmt sich eine aben=

teuerlich gezackte Felsenwand; wäre sie nicht so hoch, man würde glauben, sie sei ein Gebild von Menschenhand, so täuschend gleichen ihre Zacken verfallenen Mauern und Türmen. Das ist der „Taubenklang", hoch oben läuft die Grenze gegen Frankreich. Aber ist man die Halde emporgestiegen, so fühlt man sich belohnt; am Fuß des Taubenklangs umschließt eine freundliche, grüne Hochebene einen tiefen, kristallklaren See, dessen kaum bewegte Fläche das Blau des Himmels wiederspiegelt. Wer sich über die Flut beugt, kann da das Treiben unzähliger Fischlein sehen. Der See heißt heute auf der Karte der „Forellenweiher", weil er, vor dreißig Jahren künstlich vertieft, nun auch zur Forellenzucht dient; und die uralte Bezeichnung „Forlewihr" scheint dazu zu stimmen. Aber „Forle" heißt in der Mundart dieses Thals die Föhre; es ist der „Föhrenweiher", der höchste See der Vogesen. Diese grüne Seematte am Fuß der Felsenwand, damals vollends unzugänglich, ist das „Rütli" des Münsterthals. Aber das Rütli am Vierwaldstättersee dankt nur der Phantasie der Chronisten seinen Ruhm; auf der „Forlematt" hingegen ward wirklich ein Bund Geknechteter beschworen. Hier versammelten sich in einer mondhellen Herbstnacht von 1716 Abgesandte der neun Dörfer im Thal und schworen auf die Bibel, die alte Ordnung und Obrigkeit im Thal herzustellen. Unerträglich — so ihre „Articul," die dann die Häupter von Hütte zu Hütte verkündeten — sei nun ihr Schicksal; sie selber seien rechtloser als das wilde Getier im Wald, denn das werde nur zu bestimmten Zeiten gejagt, sie aber immer. Vom Deutschen Reich trotz aller Treue verlassen, vom feigen, verwelschten Rat preisgegeben, vom meineidigen König um alle Rechte betrogen und im Glauben gekränkt und verhöhnt, vom habgierigen Abt um ihr Hab und Gut gebracht, durch die zuchtlose Soldateska, die ihr Fleisch und Blut entehre und vergifte, schlimmer als durch Skorpione gezüchtigt, hätten sie nun keinen Helfer mehr als den gerechten, erbarmenden Herrgott, von dem geschrieben stehe, daß er stark sei in den Schwachen. Darum wollten sie den Abt, die Soldaten und Beamten verjagen, den Rat absetzen, eine neue teutsche und lutherische Obrigkeit wählen, im Frieden in ihrem Gebirg leben, nichts von der Welt verlangen, wenn sie sie nicht antaste, und nur zur Abwehr Blut vergießen. Bei einer zweiten Versammlung am „Forlewihr" wurde der Rat der Neun, je einer aus jedem Dorfe, eingesetzt — fünf andere sollten die Münsterer wählen, bis sie befreit seien —, eine Kasse gegründet, in die fortab alle Steuern fließen sollten, und ein Wehrmeister eingesetzt, der Waffen beschaffen sollte. So rüsteten sie bis in den Frühling 1717 hinein; und es ist bezeichnend, daß sich, obwohl nun auch in der Stadt viele den Bund beschworen hatten, kein Verräter fand, auch die Dragoner auf den einzelnen Höfen nichts merkten. Erst als die Verschworenen die Steuereinheber fortschickten: sie zahlten dem König in Frankreich keinen Heller mehr, kamen der Münsterer Prévôt und der Abt zur Kenntnis der Verschwörung und boten die dortige Garnison auf. Nun entwaffneten die Bauern die einzelnen Reiter auf den Höfen und schickten sie nach Münster; so furchtbar einige von diesen gehaust hatten, es geschah ihnen nichts, die Bauern hielten ihren Schwur. Erst als die Garnison ins Großthal eintrat, dort Ordnung zu machen, floß Blut. Die Bauern forderten den Kommandanten auf, Kehrt zu machen, als nun dieser statt dessen Feuer geben ließ, gings der Truppe übel, ein Teil wurde getötet, ein anderer entfloh nach Münster. Nun rückten die Bauern gegen die Stadt; der Abt, die Mönche, der Prévôt und die Reste der Garnison entwichen nach Kolmar. Doch setzten ihnen die Aufrührer nicht nach; genau bis an die einstige Grenze der Reichsstadt rückten sie und keinen Schritt weiter. Der bisherige Rat wurde zur Abdankung gezwungen, der neue durch Wahl ergänzt, und auf dem Platz um den Löwenbrunnen ward feierlich ausgerufen: Das Regiment des Königs in Frankreich und des Abts sei nun für ewig zu Ende. Das war alles; niemand wurde körperlich geschädigt, selbst das Kloster nicht angetastet. Vier Tage dauerte die neue Regierung, da kam von Kolmar her der Prévôt an der Spitze der eilig zusammengezogenen Garnisonen und Maréchaussés des Elsaß heranmarschiert. Statt sich, wie sie vorgehabt, hinter das Bollwerk ihrer Berge und Wälder zurückzuziehen, beschlossen die Bauern, ihnen nun hier im Thale Stand zu halten, allen voran die gotttrunkenen „Psalterer" von Sulzern. „Gott will's!" war ihr Schlachtruf, und ihr Schlachtgesang derselbe, der seit zweihundert Jahren immer wieder erklang, wo lutherische Bauern in Kampf und Tod zogen:

Weils gilt den Glauben und auch das Blut,
So geb' uns Gott ein' Heldenmut:
Es muß sein!

Den Heldenmut hatten sie aber die Franzosen die zehnfache Übermacht: in einer Stunde war der ungleiche Kampf entschieden. Und acht Tage darauf war auch bis an den Vogesenkamm hinauf wieder „alles in Ordnung." Wer von den Aufrührern nicht niedergemetzelt worden, bevölkerte die Kerker bis Straßburg hin. Entsetzlich hausten die Sieger unter den Wehrlosen. „O des armen lutherischen Bluts!" wehklagte damals ein Chronist ihres Glaubens. „Wie der Löwe auf ihrem Stadtbronnen haben sich die Münsterer defentiret — und so kläglich ist das Endt! Nun ist der Löw' von Münster erschlagen!"

Er irrte, der Löwe von Münster lebte noch. Schon 1736 gab es wieder neuen Aufruhr, diesmal aber nur in der Stadt. War längst auch der Prévôt der Herr, so hatte doch der Rat die Verwaltung des gemeinsamen Besitzes behalten; nun entriß ihm ein Edikt auch dieses Recht. Die Bürgerschaft rottete sich zusammen und bot die Dörfler auf. Aber diese erwiderten: als sie sich vor 17 Jahren fürs ganze Recht erhoben, sei der Rat gegen sie gewesen, nun möge er für das „elendt Stückle Recht" selber kämpfen. So waren es diesmal nur Städter, die die Gefängnisse des Straßburger „Pont couvert" zu verkosten hatten.

Erst ein Edikt von 1765 rüttelte wieder das ganze Thal auf. Eine Inspektionsreise des Intendanten der Provinz hatte ihn darüber belehrt, daß „die guten Absichten der Regierung bisher im Gregorienthal weniger verwirklicht seien als irgendwo im Elsaß." Mit anderen Worten: nirgendwo hatte Verwelschung und Katholisierung weniger durchgegriffen, nirgendwo war der Staat verhaßter. Während anderwärts die Zoll- und Handelsfreiheit, die Begünstigung der Industrie Frankreich Anhänger schafften, hatten diese Sennen und Hirten davon keinerlei Vorteile; während ferner der Katholizismus anderwärts zahlreiche Streber zu Proselyten machte, stand hier die lutherische Mehrheit von „Mölkern" und Bauern so feindselig wie nirgendwo der katholischen Minderheit — den Beamten, der Abtei und ihren Kolonisten — entgegen. Und was sollte gar den „Wilden" die fremde Sprache! Statt zu erkennen, daß zur Beruhigung der Gemüter vor allem dem Raubsystem der Abtei gesteuert werden müsse — um 1760 erfolgte wieder eine neue große „Revision," um die Kosten für den prächtigen Neubau des Abthauses aufzubringen —, glaubte der Intendant alles erreicht, wenn er die Wahl eines französisch gesinnten Katholiken zum Bürgermeister durchsetzte. Denn so gering die Rechte dieses Würdenträgers nun waren, so hatte er doch schon kraft der uralten Tradition als freigewähltes Oberhaupt der zehn Gemeinden großen Einfluß. Demgemäß übertrug das Edikt von 1765 die Wahl des Bürgermeisters einem Ausschuß von zwei Protestanten und zwei Katholiken unter Vorsitz des Prätors; gleichzeitig aber wurde vorsichtshalber ein ganzes Regiment hierher verlegt. Gleichwohl kam keine Wahl zustande; vielmehr machte sich eine Gesandtschaft von hundert Thalleuten auf, Ludwig XV. um Gerechtigkeit anzuflehen. Sie waren bis Provins, also nahe ans Ziel gekommen, als man sie gefangen nahm; die acht erwählten Führer wurden zu lebenslänglicher Galeerenstrafe nach Rochefort gebracht; an siebzig kehrten auf dem Umweg über die Straßburger Kerker zurück; die andern waren inzwischen von aller Tyrannei erlöst. Dennoch kam es schon 1770 im Großthal wieder zu einer Rebellion; auch diese wurde natürlich mit Feuer und Schwert unterdrückt.

Da sah man in Straßburg ein, daß „diesen Wilden kein Wahlrecht gelassen werden könne," und das Edikt wurde durch ein schärferes ersetzt; der Rat bestand nun aus dem Prätor als Oberhaupt, zwölf katholischen und drei lutherischen Beisitzern. Da ein Drittel aller Männer im Thal niedergemetzelt oder im Kerker war, so blieb alles ruhig; triumphierend meldete der Prätor Barth, nun seien die Wilden zahm, und ließ die Soldaten abziehen. Als er jedoch die Bürger für den 1. Januar 1775 zur Eidesleistung auf die „neue Verfassung" entbot, sollte er seines Irrtums inne werden: wie ein Mann fanden sie sich ein, aber mit Sensen bewaffnet, und zwangen die ernannten Räte zum Rücktritt, im übrigen hielten sie Zucht. Abermals kam ein Regiment eingerückt; Stadt und Thal wurden unter Standrecht gesetzt; wie die Soldaten hausten, erweist die Thatsache, daß sich trotz aller Frömmigkeit die Fälle von Selbstmord unter den Frauen und Mädchen des Thals furchtbar häuften. Drei Jahre dauerte diese Schreckensherrschaft, da wurden die 250 lutherischen Hausväter zusammengetrieben und befragt, ob sie nun dem König und dem Abt Gehorsam schwören wollten, „denn," argumentierte der Prévôt Barth — und selten ist Gemarterten von ihrem Quäler ein solches Ehrenzeugnis geworden — „nur ihr Eid kann sie binden, weil sie sehr ehrlich und gottesfürchtig sind." Aber nur etwa jeder fünfte schwor, die anderen weigerten den Eid. Diese zweihundert wurden zuerst in den Gefängnissen zu Kolmar und Straßburg, dann, da ihr Unterhalt Schwierigkeiten machte, in der „Stadtlaube" zu Münster festgehalten. Unter den handschriftlichen Quellen, die mir meine Münsterer Freunde mitteilten, und auf denen sich dieser erste Versuch einer vollständigen Darstellung des Verzweiflungskampfs der Münsterer gegen die Franzosen aufbaut, findet sich auch der Bericht eines Kolmarer Bürgers vom August 1778, der die Unglücklichen dort gesehen hat, „bey 200 an der Zahl, ineinandergedrängt unter zwei Fenstern, im eigentlichen Sinne des Worts nach Luft schnappen. Am Tage des Herrn und im Anblick des Tempels des Herrn!"... „Welche Gesichter!" ruft er aus. „O Du nicht mehr Ebenbild Gottes, wie hat Dir die Verzweiflung die Augen tief in den Schädel eingedrückt, wie der peinliche Kummer das Fleisch der Wangen abgenagt! Noch glücklich im jetzigen besseren Gefängnis auf der Stadt=Laube, nachdem sie zuvor in tiefen Löchern unter der Erde, in sumpfigen, lichtlosen Thürmen mit Kröten und Schlangen ihr Brot teilen mußten! Und guter Gott, was für ein Brod? Was der einquartierte Soldat der abgehärmten Mutter übrig ließ was sie den schwachen Kindern heimlich wegstahl! Ihr Schlachtopfer des Despotismus, warum denn so grausam, so unmenschlich behandelt! Um Euch zu zwingen zu thun, was Euch das Gewissen mißrät, um zu schwören Eurer Obrigkeit unbedingten Gehorsam und Liebe, gegen welche Ihr doch so begründete Klage führet!" Zur Zeit, wo dieser Gewährsmann sie sah, ließ man noch die Fenster der Stadtlaube offen, gab den Unglücklichen täglich frisches Wasser und gestattete ihren Weibern, ihnen wöchentlich zweimal Brot zu bringen; entsetzliche Scenen ereigneten sich schon bei der Fütterung in Zwischenräumen von drei oder vier Tagen, da „die unmächtigen Hände dem gierigen Schlund alles auf einmal überließen . . ." Einige Wochen später wurden, um den Widerstand zu brechen, die Fenster geschlossen, Wasser nur jeden zweiten Tag gereicht und die Brotverteilung fand nur noch wöchentlich statt . . . Da schworen endlich etwa fünfzig, andere erlöste der Tod, die Mehrzahl aber kehrte siech, gebrochen, aber reinen Gewissens in ihre Hütten zurück; sie hatten den Eid nicht geleistet . . .

So die Märtyrer — und ihre Zwingherren?! Auch hier gebe ich zunächst einige Angaben aus handschriftlichen Quellen, weil sie eben ein Stück Leben sind. Der Prévôt Barth kam 1765 so bettelarm auf seinen Posten, daß er dem Tischler die Bettstelle nicht bezahlen konnte; zwanzig Jahre später besaß er ein Dutzend Häuser und gewaltigen Grundbesitz; ein sehr vorsichtiger Mann, veräußerte er seit 1787 alles um jeden Preis und konnte 1789 mit einem großen Bar=

vermögen flüchten; die Republik konnte „nur" noch fünf Häuser konfiszieren, darunter das schöne Schloß nahe der Elmbrücke, das heute der Familie Hartmann gehört . . . Vor mir liegt die Selbstbiographie eines einstigen Mönchs des Klosters Münster, Bufey; gelassen giebt der Greis 1798 Bericht über sein Leben. Er tritt 1760 ins Kloster und widmet sich theologischer Schriftstellerei; das wird, da es selten ist, gern gesehn; es geht ihm gut. Da wird ihm eines Tages ein Taschentuch zu wenig abgeliefert, was ihm empfindlich ist, weil er ihrer nicht viele hat; des Gebots des Subpriors Bassigny, die Waschküche nur zu bestimmter Stunde zu betreten, vergessend, eilt er sofort hin und findet Bassigny mit der Wirtschafterin in unzweideutiger Situation. Verblüfft zieht er sich zurück und schweigt gegen jedermann: da entzieht ihm Bassigny die übliche Weinration, zur Strafe für die Übertretung seines Gebots, und als sich Bufey nun an den Prior Aubertin wendet, sie wieder zu bekommen, lehnt dieser ab, weil Bufey gegen Bassigny ungehorsam gewesen. Entrüstet sagt ihm nun Bufey, was er gesehen. Das ist eine Dummheit, die er hart zu büßen hat. Zwar ist die Beziehung ebenso allgemein bekannt wie die anderer Mönche, aber Bufeys Zeugen lassen ihn im Stich, und er wird als Verleumder in einen engen Balkenkäfig gesetzt, wo er einige Jahre verbringt! Da meldet sich anläßlich einer Visitation einer der meineidigen Zeugen, vom Gewissen gedrängt, zum Widerruf; die Visitatoren weisen ihn ab, jedoch darf Bufey nun sofort in ein anderes Kloster. Hier lebt er in Frieden, da kommt zu seinem Unheil seine Unschuld ans Licht. Der Pfarrer von Münster und der Beichtvater des Klosters, Dom Antoine Maurer, ein sittenstrenger Mönch, hat die meineidigen Zeugen sämtlich zum schriftlichen Geständnis gebracht, das er von einigen katholischen Laien der Stadt mitunterschreiben läßt, um jede Vertuschung zu verhüten. Auf Grund dieses Schriftstücks muß Dom Aubertin, nun Abt des Klosters, Bassigny in ein anderes Kloster schicken, obwohl er es nicht ärger getrieben hat als die meisten. Schlimmer aber geht es seinen Gegnern. Aubertin setzt Maurer, weil er den Ruf des Klosters geschädigt, zuerst als Beichtvater, dann als Pfarrer ab; Bufey aber, der heuchlerisch zurückberufen wird, hat in Münster ein Höllenleben. Als er eines Tags einen der Mönche, die ihn quälen, durchprügelt, kommt er wieder auf ein Jahr in den Käfig, dann endlich bekommt er eine Pfarre angewiesen. Ich gebe diesen Bericht, weil er der druckbarste und tendenzlos ist; andere, die mir vorliegen, sind gar zu saftig. Das war damals die Kulturarbeit im Kloster.

Dies die Geschichte des Münsterthals bis zur Revolution. Ich hoffe die Berechtigung so eingehender Darstellung erwiesen zu haben. Nicht bloß merkwürdig ist diese Geschichte, sondern auch erhebend; sie zeigt, wie wenige, die Macht des Gewissens über arme, rohe Seelen. Und ferner: Klagt man heute darüber, wie schwer diese Alemannen Deutsche werden, so wisse man, wie schwer sie einst Franzosen geworden.

Aber ganz wird mich der Leser erst verstehen, wenn ich ihn unter die heutigen Dörfler dieses Gau's führe. Ihre Art und Sitte, fast alles Gute und Ungute in ihnen, wurzelt, genau besehen, in ihrer Geschichte bis 1789. Wer heut' in ihre Hütten tritt, wird unendlich häufiger an die Tage ihres einstigen Freistaats und ihre Drangsale erinnert, als an die Konventszeit und was ihr folgte. Unzerreißbar spinnt sich überall die Kette der Ursachen und Wirkungen von Geschlecht zu Geschlecht, nur eben in abgelegenen Winkeln der Erde sichtlicher; so sichtlich aber, wie hier, nur sehr selten.

Das gilt auch von der Stadt Münster, jedoch in geringerem Maße. Ihr bedeutet die Revolution eine ungleich schärfere Wendung ihres Geschicks. Es giebt Städte im Elsaß, deren heutiges Wesen man versteht, auch wenn man nur ihre Geschichte seit der Konvents= zeit kennt; sie hat ihnen ihre Prägung, die Grundlage ihrer Entwicklung gegeben. Dem ist in der Stadt Münster nicht so, aber das wichtigste und folgen= schwerste Jahr ihrer Geschichte ist gleichfalls 1789.

Man weiß: wenn irgendwo, so waren hier Jäger und Gejagte für eine Abrechnung reif. Dem erlittenen Druck entsprach nun der Jubel über den „Untergang der Tyrannei" — „als ob man", sagt ein Augen= zeuge, „hier mitten in Frankreich wäre, und nicht im Elsaß." Die Bemerkung ist sehr treffend. Deutlicher als je erwies sich der Unterschied zwischen den Elsäs= sern und den Franzosen im Sommer 1789; die Franzosen wollten einen demokratischen, zentralisierten Staat mit voller Gleichberechtigung aller Bürger, die

Elsässer Wahrung oder Wiederherstellung ihrer alten Privilegien, also eine Sonderstellung. Daher trotz einzelner Aufläufe die kühle, konservative Stimmung im Lande. Aber wie das Gregorienthal unter dem absoluten Königtum eine andere Haltung eingenommen hatte, als das übrige Elsaß — hier der „Löwen"=Trotz, dort kluge Schmiegsamkeit —, so nach dem Bastillensturm und aus demselben Grunde: weil hier ein rauhes, ungestümes, redliches Volk nur seinen Instinkten, aber auch seinem Gewissen folgte. Am 25. Juli 1789 verbreitete sich im Thal die Kunde von den Pariser Ereignissen des 14. Juli. Wie die Bäche des Groß= und Kleinthals hoch oben am Vogesenkamm entspringen, durch Zuflüsse erstarken und sich in Münster zum Fluß vereinen, so strömten die Bewohner von Sondernach und Sulzern mit gerade gedengelten Sensen zu Thal, die Leute aller tieferen Dörfer mit sich fortreißend, bis sie sich in Münster zusammenfanden. Der Prätor, der Abt und die Mönche, die meisten Räte waren geflohen; sie fanden keinen Widerstand. Und doch machte sich die furchtbare Erbitterung dieser maßlos gequälten Menschen nur dadurch Luft, daß sie zwei Räten vor dem Rathaus je „fünfundzwanzig" aufmaßen; dann drehten sie den Löwen um „nud riefen die Freiheit aus". Das war alles; an das Schloß des Prätors, die herrenlosen Schätze der Abtei tastete keine Hand. Was nun werden sollte? Sie wollten den Freistaat, für den sie 1717 geblutet, nur die wilden Sondernacher gingen noch weiter: die Stadtleute seien verwelscht und papistisch; die Kommu=

nität müsse aufgeteilt werden, jedes Dorf sich selbst regieren. Acht Tage gab's keine Regierung, aber als der königliche Kommissar von Vietinghoff erschien, fand er leichte Arbeit. Fast alle erklärten: sie wollten zusammenbleiben wie bisher, auch bei Frankreich, nur müsse hier im Thal alles deutsch und lutherisch sein. Die Sondernacher wurden überstimmt; die Kommunität blieb erhalten; an die Spitze des Munizipalrats trat als „maire-président" der angesehenste Mann des Städtchens, Andreas Hartmann.

„Dem Herrn Andreas danken wir Alles", sagen die Münsterer noch heute. Alles nicht, aber Vieles. Nüchtern und bedächtig, bieder und schlau, willensstark und schmiegsam zugleich, kurz: der richtige Elsässer, brachte er's zu stande, dem Thal die Schrecken der Revolution fernzuhalten, ihre Segnungen zuzuwenden. Hier gab's keinen Proskribierten, keine Guillotine, und nur für einen Tag wurde die alte Stadtkirche zum „Tempel der Vernunft", dann ließ Hartmann das „dicke Weibsstück", das die Göttin der Vernunft gespielt hatte, schleunigst abschieben; die Göttin soff Schnaps. Zudem war er selbst strenggläubiger Protestant, freilich kein Fanatiker, und so hielt er von den Katholiken jede Bedrückung fern. Wahrlich ein schweres Werk in diesem Thal, aber nicht bloß dies, auch das schwerere gelang ihm, den Leuten klar zu machen, daß sie auch nun Steuern bezahlen, ja Soldaten stellen müßten. Trotz seiner persönlichen Eigenschaften hätte er dies nicht vollbracht, wenn er nicht so viel Macht in seiner Hand vereinigt hätte: er

war Maire, Vorsitzender der „Revolutionären Ge=
sellschaft", Kommandant der National=Garde, Ab=
geordneter zum Konvent und obendrein der einzige
wohlhabende Mann des Städtchens, der gerade den
Ärmsten Brot gab.

Als armer Leute Kind 1743 zu Kolmar geboren,
seines Handwerks Färber, war Hartmann 1775 als
Werkführer einer kleinen Kattunfärberei nach Münster
gekommen; das Geschäft ging aber elend, da übernahm
er's und war schon 1789 ein vermögender Mann. Wie
das Aufblühen des Münsterthals, hat er in jenen
Jahren sein eigenes Glück gefördert und nach denselben
Grundsätzen. „Am eigene Füür ün im eigene Häfele
kochet man am beschte", pflegte er zu sagen; Schritt
für Schritt, aus eigener Kraft entwickelte er sein Geschäft,
ebenso sorgte er dafür, daß das Münsterthal „im
eigene Häfele" koche. Als die Sondernacher fortgesetzt
krafehlten, bot er nicht die Konventstruppen auf, sondern
die Bürger und seine Arbeiter und brachte ihnen Ver=
nunft bei, a posteriori, sagt man; jedenfalls fruchtete
es. Auch einen anderen schlimmeren Sturm glättete er
friedlich. Die Leute jubelten, als die Republik den
Besitz des Prätors und der Abtei konfiszierte, denn
nach ihrer Ansicht geschah dies natürlich zu Gunsten der
Kommunität, war sie doch die Beraubte. Nein, war
seine Gegenrede, billig könnten sie alles kaufen, aber
nicht umsonst kriegen, denn die Republik brauche Geld;
an der Grenze stehe der Prätor und der Abt mit
einer Million „Söldner der Tyrannei" — ob sie sie
etwa wieder im Lande haben wollten? Bei der Feil=

bietung erstand er selbst das Kloster um einen Spott=
preis und verlegte dorthin seine Fabrik, ebenso niedrig
waren die Preise für die Wälder und Matten; Käufer
waren einige Münsterer und Kolmarer Bürger. Auch
ein anderes Sprüchlein Hartmanns hat er in der eigenen,
nun gewaltig anwachsenden Fabrik ebenso bethätigt wie
als Maire: „Heut isch net geschtern!" Wie er selbst
in jähem Entschluß vom Kattunfärben zum Baum=
wollspinnen überging, weil dieses nun besser rentierte,
so räumte er erbarmungslos mit allem auf, was ihm
überlebt schien. Die schöne, eben erst neu aufgebaute
Klosterkirche ließ er, nachdem sie eine Zeit lang den
Jakobinern von Münster als Versammlungsort ge=
dient hatte, demolieren, weil sich der Platz praktischer
verwerten ließ; die Stadtkirche genüge ja beiden
Bekenntnissen. Die Unteilbarkeit des Besitzes hielt er
aufrecht, nicht weil sie uralt, sondern weil sie zunächst
noch nicht zu entbehren war. Aber über dies Not=
wendige hinaus lockerte er den Zusammenhang der
neun Gemeinden mit der Stadt so weit irgend möglich;
die materiellen Interessen, meinte er, rissen sie aus=
einander. Münsters Zukunft sei die Industrie, die
Dörfer blieben den „Mölkern". Daß eine Zeit
kommen könnte, da auch in einigen Dörfern die
Dampfmaschinen dröhnen würden, sah selbst dieser
weitblickende Mann nicht voraus; jedenfalls behielt er
für lange recht. Daß man im Elsaß, namentlich in
Münster sein langes, ebenso strammes wie ver=
ständiges Regiment überschätzt, ist begreiflich; es will
aber auch nicht unterschätzt sein. Gewiß wäre das

Münsterthal auch ohne ihn im XIX. Jahrhundert friedlich und den Franzosen treu geworden — jeder Soldat Napoleons, der heimkehrte, wurde ein Pionier der Staatssprache und Staatsidee —, und auch ohne Hartmann wäre das Band zersprengt worden, das Stadt und Dörfer seit mehr als einem Jahrtausend zusammenhielt. Aber sein Verdienst war es, diese natürliche Entwicklung erkannt und gefördert zu haben. Wie es den Dörfern erging, soll gesagt sein, wenn wir sie besuchen; die Stadt aber wurde thatsächlich Industriestadt und, mindestens anscheinend, auch die reglementmäßig gallisierte, „elsässische" Kleinstadt. In Wahrheit wahrten ihr die Traditionen ihrer merkwürdigen Geschichte und noch mehr die Art ihrer Bewohner ein gut Stück Besonderheit.

Wie dieses Münster bis 1870 war, läßt sich noch heute unschwer erkennen; gar so viel hat sich in dem Menschenalter deutscher Herrschaft nicht geändert. Man war hier so fleißig, wie es nur irgendwo Deutsche, so rührig, wie es nur irgendwo Franzosen jener Zeit waren und kam prächtig vorwärts. Freilich, so wie dem alten Herrn Andreas glückte es keinem; als er 1837 als 94jähriger starb, hinterließ er seinen Söhnen acht der größten Fabriken Frankreichs und ein riesiges Vermögen. Nach seinem Tode gedieh die Firma „Hartmann & fils" immer höher empor; ein kleines Heer von Beamten, ein großes von Arbeitern fand hier sein Brot, schon dies eine Welthaus sicherte der Stadt Wachstum und Gedeihen. Nun blieben zudem die Hartmann nur die größten, nicht die einzigen Fabrikanten;

auch der Handel (Holz, Käse) brachte Geld ins Thal; die Bahn nach Kolmar, das Riesenwerk der „Schluchtstraße" über den Vogesenkamm nach Gérardmer hoben den Verkehr; ein anderes gewaltiges Projekt — Napoleon III. plante die kürzeste Verbindung zwischen Paris und Süddeutschland durch eine Bahnlinie Freiburg—Kolmar—Münster, von da durch einen Hoheneck=Tunnel nach Chaumont — blieb, nach Königgrätz begreiflicherweise eifrig gefördert, freilich nach Sedan auf dem Papier, was die Münsterer noch heute schmerzt. Alles in Allem: sie hatten Grund, mit der französischen Herrschaft zufrieden zu sein und waren es auch, schon aus materiellen Gründen, selbst davon abgesehen, was 1789 gerade hier bedeutete. Liest man, wie enthusiastisch sie den 22. Oktober 1848 feierten, den 200jährigen Gedenktag des Westfälischen Friedensschlusses, der ihnen die Vereinigung mit Frankreich gebracht, so mag man, wenn man der Haltung ihrer Väter gedenkt, dabei ein Gefühl der Wehmut haben, aber sicherlich keinen Grund zum Staunen. So ihr Staats=, wie aber ihr Volksbewußtsein?! Die Antwort ist gerade hier nicht leicht. Nur wenige, freilich die Reichsten und Angesehensten, fühlten sich als Franzosen: die Hartmann und ihre Oberbeamten. Von den drei Söhnen des Andreas spielte allerdings nur der jüngste, Fritz, als Pair de France eine politische Rolle, aber Jacques war ein freigebiger Mäcen französischer Künstler, Henri ein „wahrer Patriot". Söhne hatte nur Henri; es stand um diese dritte Generation natürlich ebenso; nur einer von ihnen, Fritz Hartmann b. J., hielt auch nach 1870 die Pflicht gegen die Heimat höher als die Anhänglichkeit an Frankreich, er blieb als Bürgermeister auf seinem Posten, den er trefflich verwaltete. Heute ist der einzige Ururenkel Andreas Hartmanns Franzose; die sämtlichen Fabriken gehören nun einer Aktiengesellschaft. Von dieser kleinen entnationalisierten Gruppe der „Herrschenden" schied sich eine andere zahlreichere ab, die, treue Bürger Frankreichs, sich doch national nicht als Franzosen fühlten, freilich womöglich noch weniger als Deutsche, die „Elsässer". Wir vereinen, dachten sie, in unserer Erwerbsarbeit die Vorzüge beider Nationen, warum nicht auch in unseren Sitten, unserer Kultur?! Das innige Familienleben, die Freude am kinderreichen Hause, die wärmere Auffassung ihres Glaubens — sie waren zumeist Protestanten —, sollte sich mit dem praktischeren, wenn auch oberflächlicheren Bildungsgang, den eleganteren Formen, der größeren politischen Reife der Franzosen vereinigen; ihre Zweisprachigkeit bedeutete ihnen darum schon an sich einen Vorzug vor beiden Völkern. Als typische Vertreter dieser Richtung mögen die beiden bekanntesten Söhne der Stadt genannt sein, Andreas und August Lamey. Andreas (1726—1802), Schöpflins Mitarbeiter an der „Alsatia illustrata" und „Alsatia diplomatica" hielt es, nachdem er längst Hofhistoriograph des Kurfürsten Karl Theodor zu Mannheim geworden, für seine höchste Lebensaufgabe, die beiden Werke zu vollenden, denn das Elsaß schimmere „als der besondere Edelstein zwischen Deutschland und

Frankreich"; sein Neffe August (1772—1861), einst ein bekannter Dichter, besang abwechselnd die Revolution und die Sagen der Heimat und setzte Nikolaus Beckers „Rheinlied" eine „Streithymne" entgegen, die den Vorschlag zur Güte machte: müsse nun einmal Krieg sein, so mögen die Franken die Deutschen verhauen, ihnen dann aber die Hand reichen „zum Bunde auf lange Zeit". Gewiß ein kurioser Standpunkt, aber so dachten damals die meisten Elsässer... Daneben fehlte es aber auch gerade in Münster an einigen Deutschgesinnten nicht, eben den strengstgläubigen Protestanten; die Pfarrer von Münster galten immer als „nicht sehr patriotisch". Einer von ihnen, David Steinbrenner, dichtete auch deutsch, was man nun freilich im Elsaß jener Tage beileibe nicht als Zeugnis deutschen Nationalgefühls auffassen darf; so war z. B. von den beiden anderen Münsterer deutschen Lyrikern der eine, Heinrich Lebert, „Franzose", der andere, Johann Bresch, „Elsässer". Die vierte und größte Gruppe, Handwerker, Ackerbürger und Arbeiter, waren eben „Münsterer" und sonst nichts. Sie waren Krähwinkler, gewiß, aber auch der Stolz auf die einstige Freiheit, die Liebe zur alten Art, der Trotz gegen die nivellierende Regierung lebte unter ihnen fort.

Man sieht, der alte biedere Reimschmied Bresch hatte nicht so unrecht, wenn er einmal von den „vier Nationen" in Münster sprach, und nicht alle ließen sich gleich leicht unter den großen Hut des Einheitsstaats bringen. Es ist für die Münsterer bezeichnend, welche der wechselnden Regierungen sie gern,

welche ungern sahen. Jubelnd ließen sie 1789 über
den Doppeladler des alten Deutschen Reichs an ihrem
Rathause eine knallrote Jakobinermütze pinseln und
mit fast noch größerer Freude 1804 die Mütze abkratzen,
dem einköpfigen Adler Napoleons Platz zu machen,
denn sie wollten Ruhe haben und nicht „alliweil neue
Mufiös", aber als der Adler 1815 unter dem blauen
Schild mit den drei goldnen Lilien verschwand, murrten
sie, denn die Bourbonen waren ja „Fafeknecht'" und
reaktionär. Darum wurden auch die beiden Führer der
liberalen Opposition, Benjamin Constant und General
Foy von der Stadt zu Gast geladen und mit einer
„illumination féerique" begrüßt; mag diese Be=
leuchtung vielleicht auch ihren irdischen Ursprung nicht
verleugnet haben, so war's doch das einzige Mal in
seiner Geschichte, daß sich Münster in solche Auslagen
gestürzt hat. Hiervon abgesehen, daß Karl X. eine
„Patklock" (Betglocke) war, hatten sie noch einen be=
sonderen Grund zum Groll gegen ihn, freilich keinen
berechtigten. Die uralte „Communität" war nun
nicht bloß ein Anachronismus, sondern allmählich bei
der wachsenden Verschiedenheit der dörflichen und
städtischen Interessen ein Hemmschuh für beide geworden;
die Stadt konnte vollends durch die Aufteilung nur
gewinnen. Gleichwohl wollte die Mehrzahl der Bürger
nichts davon wissen, das sei „ihr uralt Recht", und
als nun das Ministerium 1829 die Aufteilung ver=
fügte, war darob große Entrüstung. Zudem konnten
sie sich mit den Dörflern nicht einigen, was allerdings
nicht ihre Schuld war; die Bauern waren noch

rechthaberischer als sie. So endete der uralte, mit so
vielem Blut besiegelte Bund mit einem Riesenprozeß;
an all dem war aber nur die „Patklock" schuld.
Kein Wunder, daß sie am 31. Juli 1830 johlend
die Lilien im Kot zerstampften und die Trikolore
aufzogen; das Bürgerkönigtum war so recht eine
Regierung nach ihrem Sinne; man konnte „Fränkle
schäffle" und liberal sein. Mißtrauisch hingegen wurde
die Republik von 1848, nicht viel besser Napoleon III.
aufgenommen. Dann freilich warb er den Münsterern,
wie mir das Schanbabtistle sagte, „fascht lieblech".
Vom nahen Plombières aus oft hier verweilend,
gewann er die Münsterer durch persönliche Leutseligkeit,
vor allem aber durch die bereits erwähnte Förderung
ihrer Verkehrswege. Aber freilich fügte selbst ein so
eingefleischter Bonapartist wie mein Schanbabtistle
hinzu, in den letzten Jahren sei er „a Timler (Quäler)
gsi". Derselben Meinung waren damals auch die
Münsterer und mit ihnen das ganze Departement
Haut-Rhin. Beim Plebiszit vom 21. November 1852,
welches die erbliche Kaiserwürde annahm, waren in
diesem Departement 92 747 Ja, 2841 Nein abgegeben
worden, letztere durchweg von starren Republikanern;
das Plebiszit vom 8. Mai 1870, welches das Kaiser=
tum neuerdings sanktionierte, ergab hier nur 80 883 Ja,
hingegen 19 467 Nein — und diesmal war es eine
protestantische Opposition; in Münster, sagten mir
einige, hätten wohl zwei Drittel mit „Nein" gestimmt.
Das thaten sie dem „fascht lieblechen" Monarchen
an, weil sie sich über die zuletzt sichtlich gewordene

Bevorzugung der Katholiken ebenso ärgerten, wie über die völlige Verwelschung der Volksschulen, wobei namentlich die Kinder armer Familien, die eben nur ihr „Dütsch" mitbrachten, übel wegkamen. Es ist begreiflich, daß die Münsterer, die heute so bitter über die Verbannung des Französischen aus dem Lehrplan klagen, nicht gern daran zurückdenken, wie arg sie sich vor einem Menschenalter über die Verbannung des Deutschen aus denselben Schulen bedrückt gefühlt haben, freilich nicht aus Nationalgefühl, sondern aus Rücksichten der Kultur. Übrigens ließen sie sich's nicht gefallen und sorgten damals fast ebenso eifrig für Privatunterricht im Deutschen, wie heute für den im Französischen. Noch weniger ließen sie sich von den Katholiken unterkriegen, deren Zahl naturgemäß sehr gewachsen war; die lutherischen Dörfler blieben lieber „Mölker", für die Fabriksarbeit wurden zumeist Leute aus dem nahen katholischen Urbeisthal herangezogen. Um 1790 hatte Münster unter 1500 Einwohnern nur etwa 100, 1817 unter 3100 auch erst 400, aber schon 1871 unter 4600 rund 2000 Katholiken. Die uralte Pfarrkirche, in die sich beide Kulte teilten, genügte nicht mehr; von der Regierung begünstigt, verlangten die Katholiken von der Stadt Erbauung einer neuen Kirche. Das schien den Protestanten, die ja etwa neun Zehntel der Steuern aufbrachten, nicht richtig; sie renovierten die Pfarrkirche mit einem Aufwand von 160 000 Franken und übergaben sie den Katholiken; für sich bauten sie mit einem Aufwand von $1^1/_4$ Millionen Franken, größtenteils aus Privatmitteln, den neuen

Dom. „'s ischt nobel gsi", urteilte mein Schanbabtistle, „aber pfiffi net." Ihm war der Aufwand zu groß.

Seit jenem Herbst von 1674, da sie den Kurprinzen von Brandenburg hoffnungsfreudig in ihrer Mitte aufgenommen, waren 196 Jahre vergangen, als sie der Ururur-Enkel jenes Prinzen wirklich „dene welsche Geyersgralle" entriß. Aber sie nahmen es nicht eben freudig auf und haben sich noch heute nicht ganz darein gefunden. Besondere Gründe hat dies nicht. Münster blieb 1870 von den Kriegsereignissen unberührt. Im August und September kamen wiederholt Franctireurs von Gérardmer her ins Thal, fanden hier auch Zulauf, zogen aber dann wieder ab. Erst Ende Oktober durchstreifte ein kleines deutsches Korps den Paß; es fand einzelne Verhaue, hoch oben fiel auch ab und zu aus dem Dickicht ein Schuß, zu einem Gefecht kam es nirgendwo; die Münsterer vollends hatten sich nicht einmal über Einquartierung zu beklagen. Auch ist es ihnen seitdem unter der neuen Herrschaft trefflich ergangen; die Industrie blüht, die Munizipalverfassung ist dieselbe wie vor 1870, die Verwaltung eine wohlwollende. Die Stadt wächst an Wohlhabenheit wie an Bewohnern; 1895 waren's schon 5800, auch hatten die Katholiken (2900) bereits die Mehrheit; derzeit dürften's an 7000 Seelen sein. Gebaut wird überall und dennoch herrscht Wohnungsnot. Kurz, wer Münster kennen lernt, muß sich sagen: den Leuten geht's gut und sie könnten zufrieden sein.

Nun, sie sind's nicht. Das liegt teils an jenen allgemeinen Gründen, deren ich gedachte, als ich von der gleichen Erscheinung in Straßburg sprach, teils an ihrem trotzigen Blut. Eben „Schwowe". Die „vier Nationen" des guten Bresch kann man noch heute in Münster finden. Die „Deutschen" sind kaum zahlreicher, die „Franzosen" kaum minder zahlreich als einst; die „Nation" der „Münsterer" schwindet wie der Schnee im Frühling, wogegen die der „Elsässer" mächtig anschwillt. Politisch finden sich da alle erdenklichen Schattierungen: vom grimmigen Revanchemann — ganz vereinzelte Exemplare der Gattung, meist alte Soldaten — bis zum Phantasten, der ein neutrales Elsaß für möglich hält, und von diesem bis zum Opportunisten, der nimmer wünscht, daß über dem nun wieder freigelegten Reichsadler am Giebel des Rathauses noch einmal die Trikolore wehe. Aber das politische Moment ist ja viel weniger wichtig als das nationale, und hier mindestens sind sie leider so weit einig, daß „Elsässisch" und „Deutsch" in gewissem Sinne einen Gegensatz bedeuten, wie auch viel von „elsässischen" Kultur- und Lebensformen die Rede ist. Das sind Theorien, die im ganzen Lande zu finden sind; aber was ist bisher hier wie anderwärts ihre sichtliche Folge? Die wachsende Ausbreitung der französischen Sprache. Bis 1870 war natürlich auch jedermann, nur die tiefsten Schichten ausgenommen, der Staatssprache kundig, aber Umgangssprache war sie nur in den „feinsten" Kreisen, auch in diesen neben der Mundart, die für alle anderen die Umgangssprache war, und vollends redeten im Hause Eltern und Kinder fast ausnahmslos nur „dütsch".

Heute unterhalten sich nicht bloß die Notare, Ärzte, Fabrikanten, sondern auch ihre Beamten, die Ladenbesitzer und besseren Handwerker unter einander fast ausnahmslos französisch; selbst aus dem gemütlichen Wirtshaustratsch verschwindet die Mundart immer mehr und — was am schwersten wiegt — auch aus dem halbwegs gebildeten Hause. Es ist eine Thatsache: gerade unter der deutschen Herrschaft ist das Französische einem großen Teil der neuen Generation zur Muttersprache geworden. Als Grund hört man immer wieder: „Die Kinder brauchen ja beide Sprachen und in der Schule lernen sie nur Deutsch!" Aber der, gewiß an sich, vernünftige und berechtigte Zweck ließe sich wohl um einen minder kostbaren Preis erreichen, als es die Preisgabe der angestammten Muttersprache ist.

Indes, derlei findet sich im ganzen Land. Was einem hier als Besonderes entgegentritt, ist durchweg erfreulich. Es ist ein grundtüchtiger Zug in diesem, dem Blute nach kerndeutschen Bürgertum; unverkennbar ist die protestantische Prägung, aber auch eine klare, im guten Sinne liberale Weltanschauung; liberal bei aller Frömmigkeit, denn in Münster sind Viele sehr fromm, sogar Conventikel und Gebetkränzchen giebt's da. Die Volksschulen sind vortrefflich und trotz des Ansturms der Klerikalen konfessionslos, die Realschule eine Musteranstalt; das ganze Städtchen ist sauber und wohlgehalten wie selten ein Fabriksort. Etwas Besonderes ist auch die Art der Kleinbürger: sie sind noch heute minder glatt, rauher und grader als die anderen Elsässer; ferner der ungemeine Stolz auf die Vaterstadt und ihre Geschichte; man findet ihn ja — in scharfem Gegensatz zu Frankreich, wo die Revolution Alles nivellierte — auch anderwärts im Elsaß, nur nicht gleich stark. Auch reicht die Tradition hier in viel tiefere Schichten hinab, als etwa in einer schwäbischen Kleinstadt. Mir machte es Spaß, mich zuweilen zu Schlossern und Schneidern an den Kneiptisch zu setzen; da sie wußten, daß ich mich für ihr „Rotes Buch" (der Band im Stadtarchiv, der ihre wichtigsten Freiheitsbriefe vereint) interessierte, so nahmen sie mich gut auf; ich darf versichern: sie kannten ihre Geschichte. Freilich erzählten sie auch vieles, was in keinem Geschichtsbuch steht: z. B. wie Karl der Große (es ist aber Karl IV. gemeint) dem Bürgermeister für die Erstürmung von Hohhattstatt und die Erbeutung des Löwen einen Orden verliehen (ein Schneiderlein wußte sogar, es sei die „Leschiongdhonnör" gewesen!), oder wie der letzte Abt geflohen. Noch an einem Sonnabend hatten ihm die Hirten als Treiber bei einer Hirschjagd dienen müssen, da kamen sie Sonntags, als er eben beim Braten saß, und er entwich im „Schemisle, Unterhösle und Söckle", aber unter Mitnahme vieler Kleinobien und „zehn Million Fränkle" Gold. Da müssen dann freilich die „Unterhösle" weite Säcke gehabt haben.

Die Münsterer Jugend spielt gleichfalls noch „Abt und Bauern", wobei es unangenehm ist, der Abt zu sein, aber auch sehr moderne Spiele. So sah ich z. B. vor einigen Tagen hier folgendes Spiel: ein Knabe läuft vor einem Karren, einen Stab wagrecht in der Hand; drin sitzen ein Junge und ein Mädchen;

die Knaben, die den Karren schieben, stoßen dabei eigentümliche dumpfe Laute aus, wie sie einem ungebildeten Menschen zuweilen nach reichlicher Mahlzeit entfahren; einem Gebildeten kann's ja nie passieren. Hinter dieser Gruppe laufen die anderen Kinder und halten sich die Nase zu. Als ich fragte, was das für ein Spiel sei, lachten sie unbändig, endlich kam's heraus: „M'r schpiele Auto!" Für dies naturgetreue Automobil-Spiel giebt's hier allerdings Vorbilder genug. Unabläſſig raſſeln von Colmar her Automobile durch die Stadt und über die „Schlucht" nach Frankreich; namentlich Franzoſen und Amerikaner bereiſen ſo die Vogeſen. Auch von Wagen und Radfahrern wimmelt es; das Münſterthal gehört heute zu den beſuchteſten Reiſegegenden Deutſchlands.

Auch in Münſter bleibt mancher, und macht, wie ich's gethan, von hier aus täglich einen anderen Ausflug. Ob ſich freilich Viele gleich mir auch die alte, nun ſo kraftvoll verjüngte Stadt gründlich anſehen, weiß ich nicht. Es iſt aber der Mühe wert. Weniges Alte, ſagt' ich ſchon, iſt unverändert geblieben, aber es beweiſt den pietätvollen Sinn der Münſterer, daß ſie das Neue in altem Stil erbaut haben. Die gewaltige proteſtantiſche Kirche in rötlich ſchimmerndem Vogeſenſandſtein macht mit ihren ſchweren, herb durchgeführten frühromaniſchen Formen zwar nicht den Eindruck eines uralten, reſtaurierten Doms, wie den Erbauern vorſchwebte, wirkt aber gut und würdig. Dicht an dem Prachtbau klebt freilich ein ſchmutziges, verfallenes Häuslein; der Beſitzer, ein Mann mit echt Münſterſchem

Hartschädel, will's nicht niederreißen lassen, wie viel man ihm auch bietet. Auch die neue „Stadtlaube" neben dem Rathaus ist der alten nachgebildet; sogar die Inschrift ANNO DNI MCCCIII DO WART DIS HVS GEMAHT wurde wiederholt. Der einstige Löwen-Brunnen auf dem Markt ist nun leider schmucklos, aber der Blick ringsum giebt noch ein hübsches Bild: links das hochgegiebelte Rathaus mit dem reichen Stabwerk einzelner Fenster, rechts die Überreste der Abtei, vor dem Beschauer die alte Pfarrkirche, im XIII. Jahrhundert erbaut und oft restauriert, romanische Säulen, gothische Fenster, dazu ein Barockportal. Der Schmuck der Rebenspaliere, die es einst umhüllten — die höchsten im Elsaß und darum in allen Chroniken erwähnt — fehlt ihm nun. Daß die Umgestaltung der Stadt ein Stück des alten Münster samt Resten der Stadtmauer unberührt gelassen hat, habe ich schon erwähnt; auch der Charakter der einzelnen Stadtteile hat sich noch nicht ganz verwischt; daß z. B. im „Birken" die reichen Protestanten, auf der „Elm" die armen Katholiken wohnten, erzählen einem noch heute einzelne alte Häuser. Natürlich wimmelt es hier von Wahrzeichen und Sagen. Wer die nun armselige „Alte Gasse" hinabgeht, trifft an der Ecke der „Uhrgasse" auf ein Häuslein mit einem roh, aber lebhaft gemalten, gut erhaltenen Wandbild. Es stellt einen Reiter vor, der einen breit anlacht und dabei scharf ansieht; „Fr. Zeinig, Bürgermeister" steht darunter. Das Bild hält die Erinnerung an ein verwegenes Reiterstück fest: der „Zeiniger" ritt als Jüngling die steile Treppe der „Stadtlaube" empor, eine Wette zu gewinnen. Dann wurde aus dem lustigen Burschen der finstere Torquemaba von Münster; in seine fast 40jährige Regierungszeit als Bürgermeister fallen (er starb 1613) Beginn und Blüte der Hexenprozesse. Auf dem alten Friedhof spukt allnächtlich ein Ritter, an der Fecht geht mit Zipfelmütze und Pantinen ein Wirt spazieren, der hier einen Schneider ersäuft hat, im Kloster tanzen sündige Mönche mit wüsten Weibern einen Reigen, im Rathaus zählt ein ungetreuer Kämmerer heulend feurige Kohlen; auf dem Galgenberg geht's gar arg zu, wenn's Zwölfe schlägt. . . .

Das Interessanteste, was Münster aus ältester und neuester Zeit bietet, findet man auf einem Fleck beisammen: Die Reste der Abtei und die Hartmannschen Werke. Diese Reste lassen noch heute erkennen, wie reich das Kloster war, wie jählings reich geworden. Noch 1656 eine Ruine, in der drei Mönche ein Hungerleben führten, war die Abtei 1789 ein riesiger, prächtiger Bau, von rund 40 Mönchen und 100 Laienbrüdern und Dienern bewohnt, „eine der üppigsten fürstlichen Hofhaltungen im Elsaß". Inmitten schöner, mit Springbrunnen und Statuen geschmückter Gärten und Orangerien, die sich weithin über den heutigen Marktplatz hinaus und bis an die Stelle des Bahnhof dehnten, lagen Abtei und Mönchshaus, nach guten Mustern in schöner Spätrenaissance, obwohl erst 1680 erbaut. Die Reste, die man noch sehen kann, lassen den Untergang des Ganzen bedauern: im Gasthof „Zur Stadt Straßburg" der Theatersaal des Klosters mit prächtig geschnitztem

Bühnenrahmen, im Haus daneben das Refektorium mit Resten der alten Holztäfelung, im Garten desselben ein schönes kleines Haus mit reichem Fries. Im „Straßburg"-Saal wird noch heute von Dilettanten Theater gespielt und im Refektorium jeden Sonntag getanzt. Wie stolz, ja fürstlich die gewaltigen Wohntrakte ausgesehen, kann man an einem Stück erhaltener Fassade (am Heitzmannschen Hause) sehen; denselben Eindruck macht im Innern eine Treppe aus Quadersteinen. Die anderen Bauten waren im üppigsten Barock gehalten, hingegen die prunkvolle, innen und außen von Gold und Marmor gleißende, selbst für den Geschmack jener Zeit überladen dekorierte Klosterkirche in gotischem Stil. Sie ist fast spurlos verschwunden, denn nur an einzelnen Häusern an der Süd-Seite des Marktplatzes sieht man im Mauerwerk Säulchen und Marmorschwellen eingebaut, die von ihr herrühren; der älteste Teil, ein plumper Turm mit hoher spitzer Erzhaube, stand am längsten, er wurde erst 1865 abgetragen. Die Reste des Kreuzgangs an der Brauerei habe ich bereits erwähnt, andere sieht man an den Mauern der Hartmannschen Fabrik; im Mönchshaus surren nun Maschinen; das kleine Refektorium ist das Schwimmbassin der Badeanstalt für die Arbeiter und die Zellen die Kabinen; der Klostergarten, der den Kreuzgang umgab, ist heut zum Teil der Fabrikshof, zum Teil verbaut. Erst nach 1780 wurde das neue Abthaus fertig; noch sieht man (am Eckardschen Haus) Reste der üppigen Fassade, der Bau muß ungeheure Summen verschlungen haben. Ebenso kostspielig war die innere

Einrichtung, das Speisegerät aus Silber, die Betten „à la Duchesse" mit Seide und Spitzen. Und zu all dem lärmenden Prunk steuerte weder die Regierung noch ein Donator auch nur einen Heller bei; Alles ward aus Blut, Schweiß und Thränen der „canaille hérétique" von Münster bestritten....

Aber dem armen Volk kommen diese mächtigen Hallen schließlich heut doch zu Gute. Es sind so hohe, lichte, luftige Arbeitssäle, wie man sie irgend wünschen kann. Auch sonst geht's den 3000 Hartmannschen Arbeitern gut, die hier in der Weberei innerhalb der Stadt, in der Bleicherei außerhalb des Weichbilds, dann unten, wo die Bäche zur Fecht zusammenrinnen, in der Spinnerei thätig sind. Wie es in den Fabriken aussieht, will ich nicht beschreiben, erstlich versteh' ich zu wenig davon, und ferner ist ja der Betrieb wohl überall ein ähnlicher. Aber nicht überall wird so für die Arbeiter gesorgt. Ein Konsumverein, eine Bäckerei, ein Speisehaus (Suppe, Fleisch und Brod 10 Pfennige) stehen ohne Zwang der Benützung zu ihrer Verfügung; ebenso ohne Entgelt das vortrefflich eingerichtete Bad und das musterhafte „Hospital Löwel", für ihre Kinder eine Krippe; ihre Ersparnisse verzinst die Fabrik mit 5. pCt. Auch hübsche und gesunde Arbeiterwohnungen hat sie gebaut; drei Zimmer und eine Küche kosten 13 Mark monatlich; doch wohnen auch viele in den umliegenden Dörfern und kommen am Morgen auf dem Rad zur Fabrik. Eine sehr reichliche Invaliditätsversicherung bestand hier seit lange; der Arbeiter wollte daher von der staatlichen nichts wissen. Da nun aber diese eingeführt werden mußte, so führte dies zu dem einzigen Ausstand, den es hier je gegeben hat! Auch für veredelnde Unterhaltung wurde hier schon vor 40 Jahren gesorgt; unter den Arbeitern besteht mit reichlichen Zuschüssen der Verwaltung ein Gesangs-, ein Musik- nnd ein Theaterverein; als Lokal für die Konzerte und Vorstellungen erbaute die Firma eine eigene, sehr hübsche Halle. Natürlich ist der Eintritt frei und nach der Vorstellung gibt's gratis Bröbchen und ein Glas Wein...

Nie bin ich ohne ein Gefühl freudiger Ehrfurcht — ich weiß es nicht anders auszudrücken — an dem Bau vorbeigegangen, wo der alte Kreuzgang vom Stampfen der Maschinen erzittert. Arbeit bringt Kultur. Es war einst im frühen Mittelalter eine Kulturstätte, und ist es seit hundert Jahren wieder. Und so ist der Klosterbau mit den Maschinen das richtige Wahrzeichen des merkwürdigen Städtleins, das aus dem alten Monasterium die Fabrikstadt Münster i. E. geworden ist.

Sulzbach.

Zu Münster im Elsaß war's und im August; ein prächtiger Sommermorgen und doch nicht heiß. In der Nacht hatte es über dem Vogesenkamm gewittert; die Luft war kühl und wundersam klar. Und an diesem klarsten aller Tage sollt' ich ein Gespenst sehen, so seltsam und wehmütig und grotesk zugleich, wie nur je eines auf Erden seinen Spuk getrieben hat, ein richtiges Gespenst, das nicht mehr lebt und doch nimmer sterben kann.

Und das kam so. Kurz vor meiner Reise hatte mich eine Arbeit veranlaßt, die Memoiren des Casanova durchzusehen, nicht die Auszüge, welche die Spekulation auf niedriges Gelüst in Millionen Exemplaren verbreitet hat, sondern das vollständige achtzehnbändige Werk, das heut' nicht hundert Menschen in Europa kennen. Welch ein Buch! — der scharfgeschliffene Riesenspiegel einer merkwürdigen Zeit. Was jene häßlichen Auszüge enthalten, ist ja auch drin, aber daneben alles Eigentümlichste eines Jahrhunderts. Eine der merkwürdigsten Episoden, von keinem „Bearbeiter" aufgenommen, weil sie nicht schlüpfrig ist, spielt im Bade Sulzbach. Der Abenteurer zwingt einen französischen Offizier, der jedesmal das Spiel abbricht, sobald er gewonnen hat, durch Hänseleien zu der Wette um fünfzig Louisdor, wer es länger am Spieltisch aushalten werde. Gestattet sind nur Unterbrechungen von einer Viertelstunde. Am festgesetzten Tage beginnt die Partie Pikett um drei Uhr nachmittags; bis nach Mitternacht halten die Zu= schauer aus, dann spielen die beiden allein die Nacht hindurch. Am Morgen umdrängen die Kurgäste den Spieltisch, es wird Mittag, dann Abend, die Neugierigen weichen nicht, die Barmherzigen unter ihnen bringen den Kämpfenden eine Stärkung, denn ums Geld geht's kaum mehr, keiner ist im Vorteil, aber das Spiel ist zu einem Duell geworden. Vergeblich flehen die Damen die beiden totenblassen, immer mehr verfallenden Männer an, aufzuhören; sie spielen auch die nächste Nacht durch. Am Morgen fällt der Offizier ohnmächtig vom Stuhl; die Wette ist entschieden. Dies seltsame Duell hebt sich von dem Hintergrund eines üppigen Badelebens ab; französische Adelige, Baseler Patrizier, Abenteurer und Kurtisanen aus aller Herren Ländern drängen sich in den Kursälen und auf den Promenaden, trinken den Brunnen und gebrauchen die Mixturen des Apothekers, vor allem aber spielen sie, und setzen ein, jeder, was er hat: Geld, Ehre, Schönheit, Gesundheit und Leben. Also das Spaa des XVIII. Jahrhunderts, ein überaus lustiger Ort, den Casanova nur deshalb „traurig" findet, weil sein Herz gerade unbeschäftigt ist. Wo aber, fragt' ich mich, liegt dies Sulzbach? Offen= bar irgendwo im Elsaß, denn auf dem Weg aus den Ardennen nach Basel kam der geniale Abenteurer hier durch. Aber seltsam — auf keiner Karte fand ich den Ort und er war doch damals (1762) eine blühende Stadt, von Tausenden besucht. Konnte sie spurlos verschwunden sein?!

Vierzehn Tage später sollte ich mit noch größerem Interesse so fragen. Mein Leben lang hatte ich nichts von Sulzbach gehört, da führten mich die Studien für dieselbe Arbeit — und sie betraf nur ein Stück Sittengeschichte des XVIII. Jahrhunderts, nicht etwa des Elsaß — wieder darauf. Ich las die Biographie Eulogius Schneiders; auch er ein echtes Kind seines Jahrhunderts, wie Casanova, gelehrt, sinnlich, abenteuerlich wie dieser, sogar gleich dem geistreichen Italiener ursprünglich Priester, und doch eine völlig andere Natur. Wie der merkwürdige Mensch aus einem jungen Wüstling ein gelehrter, strenger Mönch, dann wieder ein höchst weltlich gesinnter Professor, dann — von der Revolution wie von gärendem Most berauscht — der blutdürstige öffentliche Ankläger des Straßburger Tribunals wird, um schließlich selbst, in seiner Hochzeitsnacht verhaftet, den Tod auf der Guillotine zu erdulden, verdiente wohl einmal von einem Dichter geschildert zu werden, dessen Scharfblick die Widersprüche aufhellen könnte. In Sulzbach spielt — im Sommer 1792 — eine der glänzendsten Episoden seines Lebens. Der Donnerer des Straßburger Jakobinerklubs, der Redakteur des mächtigen „Argos", verbringt hier zwei Wochen der Erholung und des Triumphs. Die ganze Gesellschaft huldigt ihm, am eifrigsten die „Bürger" und „Bürgerinnen", die eben erst die Krone aus dem Batisttuch entfernt haben. Der Winzerssohn aus Wipfeld in Franken ist noch Priester, und mit seinen runden Augen, den dicken Lippen, dem plumpen Bauernschädel wahrlich kein schöner Mann — aber wie süße Augen machen ihm die Ex-Marquisen, die reichen Patrizierinnen aus Straßburg und Mülhausen! Es wird getanzt, gespielt, der Hof gemacht, alles, wie da Frankreich noch ein Königreich war; selbst die Gäste vom rechten Rheinufer fehlen nicht ganz, denn die Quellen gelten nun einmal für heilkräftig, und im Speisesaal fallen Tag und Nacht die Karten und rollen die Würfel. Freilich nicht mit jedermann kann hier ein vorsichtiger Mensch spielen; jeder dritte Mann ist ein Abenteurer, jede zweite Dame eine „Sulzbacherin", wie die elegante reisende Kurtisane damals auf hundert Meilen in der Runde heißt. Diese ganze merkwürdige Gesellschaft wirbelt vierzehn Tage lang um den mächtigen Jakobiner, jeder Tag ein Fest, jede Nacht ein Bacchanal, bis der generöse Eulogius (ci-devant „Schneider-Jürgen") sich seinerseits glänzend revanchiert, ganz im Stil der Zeit, sehr üppig und sehr patriotisch. Er errichtet auch hier einen „Freiheitsbaum", die Spitze mit einer Jakobinermütze, der Stamm aber mit einer Tafel geschmückt, auf der die Verse stehen:

> Wer das Gesetz verehrt,
> Den Staat bezahlt, den Nächsten liebt,
> Fürs Vaterland sein Leben giebt,
> Der ist der Freiheit wert!"

Trockene Verse, aber sie werden mit sehr viel Champagner begossen und dann liegen sich alle in den

Armen, und es regnet mehr oder minder patriotische Küsse.... Schneider war längst wieder in Straßburg und hatte viel zu tun, die Guillotine nicht rosten zu lassen, aber mitten in seiner Blutarbeit dachte er der lustigen Tage im glänzenden Sulzbach. „Wenn ich nicht geschworen hätte," schrieb er seinen dortigen Freunden, „mein Leben auf dem Posten einzubüßen, den mir die Vorsehung angewiesen, würde ich meine Laufbahn in Eurem herrlichen Thale im Genusse der Natur beschließen." Also ein sentimentaler Henker. Das Schicksal hat ihm ein verdienteres Ende bereitet.

Man wird nun begreiflich finden, daß ich aufhorchte, als nach abermals drei Wochen der Name Sulzbach an mein Ohr schlug. Das war zu Münster am Biertisch, wo ich allabendlich mit dortigen Bekannten zusammensaß. Der Stadtarzt kam spät; er habe noch gegen Abend nach Sulzbach müssen. „Das berühmte Sulzbach?" fragte ich eifrig. Er lächelte. „Ja, der Badeort." — „Und der liegt so nahe?" — „Freilich, eine Viertelstunde Bahnfahrt und dann nicht viel länger zu Fuß." — „Da muß ich hin! Wie sieht's denn jetzt dort aus?" Aber er: „Was wissen Sie von Sulzbach?" Ich sagte es ihm. Er lächelte wieder. „Da ist's wohl für Sie am interessantesten, ich sage Ihnen nichts, sondern Sie sehen sich alles selber an."

An jenem klaren Augustmorgen machte ich mich auf den Weg. Zuerst mit der Bahn gegen Colmar zu, die rasche Fecht entlang. Berge und Burgen zu beiden Seiten bis Weier im Thal, dem altersgrauen, von grünen Reben umhegten Städtchen. Es liegt nördlich

der Fecht, wie alle Orte im Münsterthal, nur Sulzbach
ausgenommen; alle Leute, die mit mir ausstiegen, gingen
links hin, nur ich wandte mich nach rechts. Das war
das erste, was mir auffiel; ich besuchte ja seit Wochen
täglich ein anderes altes Nest des Gaus; nie vorher
war ich in diesem schönen Thal allein geblieben. Aber
mein Trost war mein getreuer Weggenoß, die neueste
Auflage von Mündels Vogesenführer, ein sehr dickes,
aber kreuzbraves Buch, und da stand: „Nach Sulzbach
Wagen am Bahnhof." Freilich war keiner zu sehen,
aber das focht mich nicht an; der dicke Onkel Mündel
lügt nicht, dacht' ich; ist der Wagen noch nicht da, so
kommt er. Inzwischen fehlte es mir an Kurzweil nicht.
Die Aussicht vom Bahnsteig ist herrlich. Schon die
Farben erquicken das Auge: nur Grün, ein wenig Weiß,
einige Pünktchen Rot, aber wie stimmen sie zusammen,
heben sich hier scharf ab, fließen dort ineinander.
Weißlich grün sind die Wiesen, saftgrün die oberen
Matten, dazwischen steht das Graugrün der Reben,
und sie alle umschließt das Schwarzgrün der Tannen.
Dazu die Formen; schlank, edel, sanft geschwungen
schiebt sich ein Bergkegel neben den anderen, von
einzelnen Hütten bedeckt, von grauem Mauerwerk ge-
krönt. Mitten drin das alte Weier, rings Reben, soweit
das Auge blickt, zur Rechten und Linken und auf
dem Berg, an den sich das Städtchen schmiegt; hoch
oben ein graues Kirchlein. Nichts Gewaltiges, aber
war je eine Berglandschaft heiter und anmutig zu nennen,
dann diese. So von dem Beschauer gegen Norden, zu
seiner Linken aber, also im Westen, das Fechtthal, und

über ihm, im Duft der Ferne verschwimmend, die gewaltigen runden Kuppen der Hochvogesen: der Hoheneck und der Nachstebühl, auch sie dicht bewaldet; etwas niedriger, wie ein Riesensmaragd in der Sonne gleißend, die Matte des baumlosen Kahlenwasen. Nicht minder Schönes sieht man gegen Osten: da hebt sich der herrliche Waldberg, der einst dem Barbarossa gehörte und noch heute der Hohenstaufen heißt, dem Blick entgegen, an seinen Hängen zerbröckelndes Gemäuer, die Burgen Hohhattstatt und Schrankenfels.

Nachdem ich aber dies alles betrachtet, wandte ich mich wieder nach Süden, wo eine Platanenallee ins Thal von Sulzbach führt. Aber da war noch immer kein Gefährt zu sehen und kein Mensch; nur die Grillen zirpten im Grase, und von einer Wiese her klang eine helle Mädchenstimme: „Esch schteiht eine Lind' im tiefe Thal" — kein Wunder, daß das Lied auch hier noch lebt, es ist ja im Elsaß gewachsen... Unschlüssig stand ich, denn ich gehe ja gern, nur nicht auf staubiger Thalstraße, wie sie mir hier winkte. Dann trat ich auf die Sängerin zu, ein blutjunges Ding mit feurigen Schwarzaugen im hübschen Bronzegesicht. „Boschurr!" erwiderte sie freundlich meinen Gruß und ergänzte ihn nach Landessitte durch eine Frage, die auch noch zur Begrüßung des Wanderers gehört: „Wo we (wollt) J her (hin)!?" Ich sagte es und fragte nach dem Wagen. Sie lachte laut auf. „Na' Sülzba a Wotürle (voiture)?!" Es stehe aber im Buch hier. „Joo!" sagte sie langgedehnt, wie sich erinnernd. „Deesch esch amol gsi!" Ihr „Gruossele"

(Großmütterchen) erzähle, nach Sulzbach sei sogar einst von Colmar ein „Omnebüs" gegangen. Aber jetzt Fuhrwerk nach Sulzbach unterhalten — da wär's ja noch klüger „Fliegehax z'röschte". Das hörte ich mit Bedauern, denn Fliegenfüße zu braten, ist kein nahrhaftes Geschäft. Aber es sei doch ein Bad dort, sagte ich, ein Sauerbrunn?! — „A Bable — nei! A Süerbrünn — joo." Und dann lachend, daß man alle zweiunddreißig Zähnchen sah: „D' Lüt saje: In Sülzba' esch alles süer."

Mit diesem Wort im Ohr marschierte ich vorwärts. Die Wanderung war angenehmer, als ich gedacht hatte. Das Gewitter hatte den Staub getilgt, und die prächtigen Platanen gaben Schatten, lustig rauschte der Wind in ihrem Geäst. Ein mäßig breites Thal, und, seltsam genug, just auf der Nordseite Weinberge auf steiler Halde, gegen Süden bewaldete Hügel und über beiden höhere Berge, hier der Hohenstaufen, ihm gegenüber der Oberfeldberg. Gleich am Eingang des Thales, weitab der Straße am Fuß des Hohenstaufen, sah ich ein Stücklein bröckelnder Burgmauer; aber auf meiner Karte stand sie nicht, auch der dicke Onkel sagte nichts darüber, und ein Mensch, den ich hätte fragen können, war nicht zu sehen. Endlich begegnete mir ein alter Mann, der in seinem blauen Leinwandkittel, dem französisch geschnittenen Käppi und dem weißen Henri=quatre im durchfurchten Gesicht recht wie ein Invalide des zweiten Kaiserreichs aussah. Aber auf meine Frage erwiderte er in norddeutschem Dialekt, was ich gesehen hätte, seien vermutlich die Reste der Burg Giersperg gewesen; „hier haben einmal", fügte er bei, „Raubritter gehauſt, die vom Schweiße des Proletariats lebten. Die Burg wurde zerſtört und die Ritter gehängt, die Raub= ritter von heute ſitzen ruhig in ihren Kontors und ſchreiben Fabriksordnungen." Dialekt und Ausdrucks= weiſe fielen mir auf; ich fragte, woher er wäre. Ein Berliner, aber ſchon zwanzig Jahre im Elſaß und jetzt Arbeiter in Mülhauſen. Da ſei er wohl eben zur Erholung im Sulzbacher Bad geweſen, fragte ich. Er lachte. „Nee, der Mumpitz (berliniſch Schwindel) hat ja faſt aufgehört! Ich wollte hier Aufklärung ſtiften! — „Nun, und haben Sie viel davon geſtiftet?" Er ſpuckte grimmig aus. „Sklavenvolk! Sie finden alles in der Ordnung, auch daß ſie nichts zu beißen haben!"

Nachdenklich ging ich weiter, nach zehn Minuten tauchte links vom Wege auf einem Hügelchen eine große Kirche auf, von den Häuſern des Orts war noch nichts zu ſehen. Alſo eine zweite Kurioſität; das Gotteshaus fern vom Ort iſt mindeſtens im Elſaß noch ſeltener als Reben an der nördlichen Thalwand. Hingegen iſt der Rahmen der Kirche der landesübliche: eine ſehr hohe, glatte, dicke Mauer umgiebt im Viereck Kirche und Friedhof wie eine Feſtung, und die kleine Ein= gangsthür unter einem Giebelchen gleicht einer Ausfalls= pforte. Ich trat ein und ſtieg die Stufen zur Kirche empor. Ein Bau, an dem reichlich zwanzig Ge= ſchlechter der Menſchen mitgeſchaffen, der Unterbau uralt, wohl aus dem VIII. Jahrhundert, das ſchöne Chor gotiſch, nach den edlen ſchlanken Verhältniſſen und dem Maßwerk der Fenſter zu ſchließen aus dem XIV. Jahrhundert, alles übrige in den folgenden Zeiten stillos erneuert, obendrein kürzlich blank überstrichen. Und wie die Kirche selbst, so erzählt der Friedhof, der sie umgibt, von sechs Jahrhunderten. Vor dem Portal ein herrliches Grabmal: ein kräftig erblühtes, schönes Weib mit Schleier und Rosenkranz, das Haupt auf einem Kissen ruhend, alles wunderbar erhalten, selbst die Spitzen und Borden an der reichen Tracht einer Edelfrau des XIV. Jahrhunderts. Auch von der Inschrift ist noch die Jahreszahl 1351 lesbar, der Name nicht mehr. Der Stein ist nun, offenbar um ihn besser vor Regen und Schnee zu wahren, aufrecht gestellt, was ja dem Eindruck der liegend gedachten, überlebensgroßen Gestalt schadet, aber es bleibt genug übrig, ihn lange auf sich wirken zu lassen. Ein anderes, gleichfalls selten schönes Grabmal ist an der Außenseite der Kirche eingemauert; es zeigt zwei Gestalten, einen Ritter mit derbem, finsterem Antlitz und vollständig gewappnet (Pickelhaube, Schulterplatten, Harnisch, Beinschienen und Eisenschuhe), neben ihm eine Dame mit sanften Zügen in Schleier, Brusttüchlein und herabwallendem Kleid. Beide treten auf einen Löwenkopf, beider Hände waren einst betend gefaltet; jetzt sind's nur die des Ritters, die der Dame fehlen. Die Inschrift in gotischer Minuskel besagt, daß hier „der edel vest jucker Jacob vo Hatstadt" begraben sei, verstorben „uff sant Jacobtag" 1514, „der sele got gnad"; die Dame ist „jucke Jacobs hüffröge, die edle Frow mergen (Margarethe) vo rotsamhuse", und, wenn ich das Datum richtig entziffert habe, „nach sant jürgen tag" 1518 verstorben. Bei ihr fehlt die An-

rufung der göttlichen Gnade; nach ihrem sanften, gütigen
Antlitz zu schließen, war sie ihrer ohnehin sicher. Der
Löwe zu ihren Füßen ist das Wappentier der Hatt=
statter ... Noch einige andere Steine aus dem XV.
und XVI. Jahrhundert sind hier zu finden, aber
minder schön gemeißelt und von der Zeit ärger mit=
genommen; offenbar auch verschlechterte sich die Qualität
des Sandsteins immer mehr; auf den Barocksteinen des
XVIII. Jahrhunderts ist gar kaum noch ein Wappen,
ein Name zu unterscheiden, auf einem glaubte ich
„Paris", auf einem anderen „Anvers", auf einem
dritten „Zürich" zu entziffern, also Kurgäste von fern
her. Im XIX. Jahrhundert werden die Steine immer
bescheidener, die deutschen Inschriften weichen den
französischen; freilich bleiben die Namen urdeutsch, z. B.
„Laurent Wagner, ancien maire et son épouse
Elisabeth Striffling." Das gilt auch von den Steinen
aus letzter Zeit; ich habe einen einzigen gefunden, der
eine deutsche Inschrift trug. Das ist aber doch immer
einer mehr, als ich sie auf manchem anderen Friedhof
des Landes entdecken konnte ...

Ich trat in die Kirche; hell durchflutet das Licht
Schiff und Chor, stolz und schlank wölbt sich die
Kuppel; die Rippen des Gewölbes ruhen auf mit
Köpfen ornamentierten Konsolen. Man sieht sofort,
das ist nicht das Bethäuslein eines Fleckens, sondern
eine Prunkkirche, die einst reiche Gönner hatte. Dennoch
war ich auf die Freuden nicht gefaßt, die ich hier
erleben sollte. Schon das Altarbild: Johannes der
Täufer, der Schutzpatron der Kirche, ist keine üble

Arbeit, wirklich wertvoll aber ein auf Holz gemaltes Triptychon. Die beiden Gemälde der Außenseite, die offenbar die beiden Donatoren darstellen, einen Bischof und einen Ritter, sind schön, prächtig aber die Innen=
bilder, Darstellungen des jüngsten Gerichts, namentlich das Mittelbild, der heilige Michael, die Seelen wägend, voll Farbenpracht. Das Triptychon ist um 1520, also in den Zeiten des Matthias Grunewald gemalt, und mindestens das Mittelbild wäre seiner nicht ganz un=
wert. Der schönste Schmuck der Kirche aber ist das herrlich gemeißelte, leise polychromierte Sakraments=
haus, in reichster Gotik. Auf einer Konsole steht die Gestalt des heiligen Christophorus mit der Keule, das bärtige Antlitz von frommer, demütiger Güte durch=
leuchtet, auf dem Nacken das liebliche Jesuskindlein, eine rührende, echt deutsche Gruppe. Darüber erhebt sich das prächtige Eisengitter des Häuschens, von zwei gemeißelten Engeln bewacht, mit den Emblemen der vier Evangelisten geschmückt, über ihm in zwei Stock=
werken ein sich verjüngender Aufbau mit den Gestalten des Heilands und der Madonna, denen flatternde Cherubim huldigen. Es ist alles sehr schön, aber am schwersten machte mir doch der Christophorus das Scheiden.

Als ich aus der Kirche trat, klang Hundegebell an mein Ohr; ein Knäblein lief mit seinem Hündchen um die Wette zwischen den Gräbern dahin. Als es mich erblickte, blieb es stehen und guckte mich aus seinen strahlenden blauen Augen an, ein etwa acht=
jähriges blondes, kräftiges Kind, schöner als einer der

Cherubim am Sakramentshaus. Ich trat auf das Kind zu; der Hund wies mir knurrend die Zähne, begann dann aber zu wedeln, als ich das Kind streichelte. „Junge, wie heißt Du?" Keine Antwort, nur die blauen Augen blickten mich freundlich an. „Nun?" Das Kind schwieg. Ich trage auf meinen Wanderungen immer Obst bei mir, mir löscht's den Durst, und kleine Abnehmer finde ich auch immer am Wege; die schönste Birne zog ich hervor und hielt sie dem Kinde hin, das danach griff. „Nein, erst sage Du, wie Du heißt!" Da umflorten sich die strahlenden Augen, und er deutete auf Mund und Ohr. Das wunderschöne Kind war taubstumm. So gütig und so grausam zugleich ist nur die Natur.

Sie ist's im kleinsten und im größeren, das ganze Sulzbach ist ja ein Beweis dieser Güte und Grausamkeit zugleich. Freilich, ganz durch die Natur allein ist Sulzbach nicht emporgekommen und nicht durch sie allein heut ein Gespenst; die Menschen haben zu beidem kräftig mitgeholfen. Das wollte der erste Sulzbacher, den ich nun wirklich sprach, nicht Wort haben. Es war ein ältlicher Mann mit einem schmalen Gesicht, in dem ein paar gute, sanfte, treue Augen standen, Hundeaugen möchte ich fast sagen, denn etwas von der stummen Qual der Kreatur war auch in ihnen. Die Rebenharke auf dem Rücken, kam er daher und grüßte freundlich: „Boschurr! Güte Tag!" — doppelt reißt nicht. Da sich hinter der Kirche der Weg wiederholt gabelt, gab er mir liebenswürdig, obwohl's ein Umweg für ihn war, das Geleite ins Städtchen. Peter

Zindt hieß er, und da er mir einige Stunden später zum Abschied sagte: „Wir bliiwe Fründ!" so darf ich ihn wohl meinen Freund nennen. Was mir zuerst sein Herz gewann, war das Lob der Kirche, namentlich des Sakramentshäuschens. Ja, sagte er stolz, so ein „heilig Hüsle" gebe es im ganzen Elsaß nicht, das sage sein Einziger und der müsse es wissen, denn er sei Priester und jetzt Missionar in Deutsch=Afrika, dabei der beste Sohn, der sich auch nach der Heimat zurücksehne, darum habe er ihm auch gestern — er zog den Frachtschein hervor — „a Fäßle Sülzbacher", Eigenbau, gesendet, damit er unter den „nige (neue) schwarze Christelüt" mindestens den heimischen Trank nicht entbehre. Ich fragte, ob der Wein auch den weiten Transport und die Tropenhitze gut überdauern werde, hatte aber damit wider Willen an eine wunde Stelle gerührt. Ganz gewiß, rief er eifrig, gut ab= gelagerten Sulzbacher könne man auch nach dem Mond versenden, aber so wie ich hätte gestern auch der Stationschef in „Wihr" (Weier) gefragt, und ich zweifelte wohl auch nur deshalb, weil ich von den Wihrern Spottreden über den Sulzbacher Wein gehört hätte. Nein, beteuerte ich, was sie denn sagten?! Aber er schüttelte nur schmerzlich den Kopf; erfahren sollte ich es doch, jedoch erst, nachdem wir ganz gute Freunde geworden. Damals aber lenkte ich von dem Thema ab, indem ich meinte, es sei ihm wohl hart gefallen, seinen Einzigen so weit fortgehen zu lassen. Freilich wohl, seufzte er, aber daß er geistlich geworden, sei doch ein rechtes Glück, denn ein Sulzbacher Acker=

bürger zu sein, das sei „gar bitter und süer". Und es sei doch einmal eine so „geldriiche und ruhmriiche" Stadt gewesen; ob ich was davon wüßte? „Nur wenig," sagte ich und das war ja auch die Wahrheit, aber auch wenn ich schon damals all die alten Schmöker durchstöbert hätte, die ich mir dann aus der trefflichen Colmarer Stadtbibliothek geholt habe, ich hätte nicht anders geantwortet. Denn ein Peter Zindt sagt's einem immer viel lebensvoller, als alle Bücher und darum bat ich sehr darum.

Er nickte, und da wir gerad ans erste Häuslein des Städtchens gekommen waren, vor dem eine Bank stand, so setzten wir uns hin, und Peter Zindt erzählte. Mit seinen Worten kann ich leider nicht alles wiedergeben, denn Notizen mochte ich mir nicht machen; das nimmt dem Erzähler die Unbefangenheit. Also: Die Sulzbacher Quellen seien uralt, schon in der Heidenzeit, wo die Menschen „schier nackig" herumgelaufen wären, hätten hier viele wieder „rohde Bäckle" gekriegt, auch ein „gar albher Kaiser" Julius Cäsar — er sprach den Namen ganz richtig — hätte hier sein „Mogelebrücke" weggebadet. Auch der Kaiser „Scharlemanje" (Charlemagne) hätte hier eine „Appetitkur" gemacht, der habe dann den Ort dem Kaiser von Österreich geschenkt und dieser vor tausend Jahren den Herren von Schauenburg. Unter ihrem Regiment habe die Stadt Mauern und Graben erhalten, denn der Räuber im Lande seien gar viele gewesen, besonders die Giersperger „rächte Säckleschniider". Die Quelle freilich sei dann versiegt, aber die Stadt habe durch

Acker- und Weinbau ein gutes Leben gehabt. Da sei nach Gottes Willen die Quelle an anderer Stelle wieder entdeckt worden durch ein „feins Kühele". Diese feine Kuh nämlich entfernte sich immer vom Weideplatz am Fuße des Oberfeldbergs, und wenn sie wiederkam, war sie „fascht lüschtig" und gab auch bessere Milch als die anderen. Der Hirt, dem dies auffiel, folgte ihr und sah, wie sie gierig aus einer Quelle trank, und als er ihrem Beispiel folgte, ward auch er „lüschtig". Da kamen denn abermals die Kranken herbeigeströmt und „alle Doktors" aus der ganzen Christenheit baten, Bücher darüber schreiben zu dürfen, was ihnen verstattet wurde — und Sulzbach ward reich und groß. Denn die Schauenburger Herren waren gar nobel; sie gaben kein „Loschemang", die Kurgäste mußten bei den Bürgern wohnen. Aber dann kamen die Revolution und die großen Kriege, und da hatten die Leute nicht Zeit noch Geld, sich zu kurieren und liefen mit Blutarmut, verdorbenem Magen und Skrofeln herum, statt sie hier wegzutrinken und wegzubaden. Als aber die Kriegsnot um war, da wollten die Leute nicht wiederkommen. Und wollten und wollen nicht! Manche meinten, man habe es seit hundert Jahren dumm angefangen, auch seien einmal gar zwei Badeunternehmer dagewesen, die sich gegenseitig schlecht gemacht hätten, und es gehe das Sprüchlein: „Was a feins Kühele geschtift hatt', han zwii Ochse verwüscht!" Wieder andere meinten, es sei eben so vom Schicksal beschlossen. Sulzbach liege ja auf der „unrächte Siit" (der unrechten Seite, nämlich

südlich der Fecht, während alle anderen Orte im Thal, die sämtlich aufblühen, wie bereits bemerkt, nördlich des Flusses liegen) und darum sei hier auch 1844 just am Tage Johannis des Täufers, ihres Schutzpatrones, ein furchtbarer Brand gewesen; also selbst ihr Für=
sprech vor Gott könne nichts gegen die Bestimmung! Aber beides scheine ihm, Peter Zindt, unrichtig und das vom Schicksal sogar unchristlich, es sei weder selbstverschuldetes Unglück, denn ihre Urgroßväter seien doch auch schwerlich klüger gewesen als sie, noch liege es an der „unrächte Siit" und der „Beschtimmüng", denn auf Erden und im Himmel bestimme nur Gott der Herr. Sondern er sage immer: es sei Gottes Wille so, aber warum Er das so wolle, wisse er freilich nicht, denn die Leute hier seien „guet, fromm und demüteglech." Der stete Rückgang freilich sei Thatsache; viele zögen fort, und die Badegesellschaft bestehe jetzt aus einer Hebamme aus Ensisheim und einer Schneiderin aus Colmar, und mit dem Versand des Brunnens als Tafelwasser gehe es auch nicht sonderlich. „Vor hundert Jahr", schloß er wehmütig, „esch ä Sprüchle im ganzen Elsaß gsi: ‚Nur in Sulz=
bach trinket der Bauer Süerwasser.' Das Sprüchle gilt no, awer das ‚nur' isch an eine andere Stell gewackelet. Jetzt müsch es heiße: ‚Nur der Bauer trinket in Sulzbach Süerwasser,' oder gar: ‚In Sulz=
bach trinket der Bauer nur Süerwasser.' Denn wer kann sich noch a Gläsle leischte, und wär's vom Eigene?"

So die Geschichte von Sulzbach in Peter Zindts

Auffassung. Die zünftigen Historiker stellen leider vieles nüchterner dar. Ob Julius Cäsar am „Mogelebrücke" gelitten, steht dahin, aber wenn ja, so hat er sich's nicht in Sulzbach kuriert, denn der römische Ursprung der Quellen ist eine Erfindung des XVII. Jahrhunderts; damals war's die kräftigste Reklame, etwas römisch sein zu lassen. Ähnlich steht es um Karl den Großen; nur sein Appetit ist verbürgt, aber das war eine Gabe der Natur und nicht die Folge einer Sulzbacher Appetitkur, denn auch damals waren Ort und Bad noch nicht vorhanden. „Sülzpach" findet sich erst 1222 erwähnt. Das Dorf war ein von den Hohenstaufen den Lothringer Herzögen erteiltes Lehen, das diese an ein Geschlecht. das sich „von Sulzbach" nannte, dann an die Hattstätter, endlich an die Schauenburger begaben; ein österreichisches Lehen wurde es erst durch Franz I., den letzten Lothringer, den Gatten Maria Theresias. Eine gewisse Bedeutung errang das Dorf früh durch seine trefflichen Weine; darum wurde es schon 1275 zur Stadt erhoben, mit Mauer und Graben umgürtet, doch blieben die Bewohner dem Herzog und seinen Lehnsträgern untertan und hatten geringe Rechte. Ausdrücklich bezeugt ist, daß sie wenig wehrhaft und allzu friedlich gewesen; als die Weierer die Raubburg der Giersperger brachen, taten die Sulzbacher nicht mit, obwohl sie von diesen „Säcklischniidern" am meisten geplagt waren. Ein Zeichen ihren „demüteglechen" Gesinnung war es auch, daß sie katholisch blieben, als der Sturmhauch der Reformation durchs ganze Münsterthal brauste. Das

Schicksalsjahr ihrer Geschichte ist 1603, da die Quelle aufgefunden wurde, aber das „feine Kühele" ist nur Sage; es war kein Zufall, sondern Spürsinn der Menschen, der sie zutage brachte. Im Jahre zuvor war der Sauerbrunnen von Geberschweier am östlichen Abhang dieses Bergzuges plötzlich versiegt, gleichzeitig zeigte das Felsgeröll des Oberfeldbergs ob Sulzbach einen Ansatz ockergelben Rostes; da vermutete der damalige Lehensträger von Sulzbach, ein Herr von Schauenburg-Herlisheim, mit Recht, daß das Wasser nun hier seinen Weg suche, und da ein Bad damals ein fast noch kräftigerer Geldmagnet war als heute, so ließ er nachbohren und bekam die Quelle glücklich zu fassen. Nun schaffte er aber auch die nötige kräftige Reklame, bewog den Erzherzog Leopold von Österreich, damals Bischof von Straßburg, und den letzten regierenden Grafen von Rappoltstein, Eberhard, zum Besuch des Bades, sorgte für Lustbarkeiten aller, nach der Sitte der Zeit auch recht bedenklicher Art und gewann schließlich einen der berühmtesten Ärzte jener Tage, Dr. Johannes Jacobus Mezius zu Freiburg i. Br., zur Abfassung einer Badebroschüre. Ich habe das kuriose Schriftchen durchgesehen. „Sultzbachischen Hailquellbrunnens Vortrab oder Kürtzlicher bericht etlicher New erfundenen Saurbrunnen zu Sultzbach in dem berümbten Volckreichen Sanct Gregorij Thaal Elsässischer Landschafft gelegen Sambt beygefügter Kraftreichen Würckung und derselben ordentlichen gebrauch" — so der Titel. Man sieht, es waren nun schon „etliche Quellen"; der Besitzer hatte das Wasser verschieden fassen lassen, und den einen Auslauf den „Erzherzogen-Quell", den anderen „Rappoltsteinischen-Quell" genannt, beide aber wurden, wie Mezius berichtet, „von Unverständigen etwas geschmacks halben der Dintenbrunn" geheißen, ein dritter Auslauf speiste das „new auferbawete Badhauß." Als Vorbereitung für die Trinkkur verordnet Mezius „Purgation und Aderlaß, seines Leibes Blödigkeiten abzuwenden", nach 14 Tagen Trinkens „morgens um fünf, abends nach zwei" dürfe nach abermaliger Purgation zur Badekur übergegangen werden, am ersten Tage eine halbe, am nächsten Tage eine ganze, am dritten anderthalb Stunden u. s. w., bis man „den ganzen Tag darinnen verharren kann", dann geht's wieder langsam bis auf eine halbe Stunde täglich herab. Man sieht, eine ausgiebige Badekur, aber die Diät läßt sich ertragen; Mezius schreibt die feinsten Sachen vor: „Auwerhanen, Phasianen, Schnepffen" u. s. w., gestattet aber den Armen „grobes Rindfleisch und Habermuß", weil „Gottes gütige Hand" sie auch dabei wird gesund werden lassen. Als Bestandteile der Quellen bezeichnet Mezius „ein schön lieblich Stein- oder Berg-Saltz", eine „Krafftmäßige essentz des Eysens unn weniges Kupfers", einen „wohlgeleuterten alaun". Das Salz „thut reinigen", das Eisen „heilet und starcket", der Alaun „haltet zusammen". Kein Wunder, daß es nach Mezius kaum eine Krankheit gibt, die hier nicht geheilt werden könnte.

Einigen Erfolg hatten aber die Quellen wirklich,

eben ein alkalischer, eisenhaltiger Sauerbrunnen; zweifellos sprudelten sie einst auch stärker. Es war also nicht blos Reklame, die Sulzbach berühmt machte; der Ruhm und Zulauf dauerte ja zwei Jahrhunderte an; Reklame ohne Verdienst ist nie so langatmig. Zudem finden sich unter den rund zwei Dutzend Werken über Sulzbachs Blütezeit auch die Arbeiten ernsthafter Gelehrter, die sicherlich nur ihrer Überzeugung folgten; auch unter den Dichtern, die Sulzbach besangen, meinten's gewiß die meisten ehrlich. Der überschwenglichste freilich, ein Anonymus von 1639, der seinen Hymnus in lateinischen Distichen schrieb (die Colmarer Bibliothek bewahrt das Manuskript), kann leicht bei dem Edlen von Schauenburg frei Quartier gehabt haben, denn einen „fons sacer" nennt man selbst den kräftigsten Sauerbrunnen nicht ohne besonderen Grund. Aber daß die Besitzer das Licht von Sulzbach unermüdlich auf den höchsten Scheffel stellten, ist ebenso zweifellos, wie daß es ihnen neben den Kranken nur allzu sehr um die Gesunden zu tun war. Das „öffentliche Spielhaus" bot neben Hasardspielen „von Morgen bis Mitternacht", wie ein Schilderer von 1874, der Basler Mieg, berichtet, auch „Musik, Gaukelspiele und Komödie" — dazu das Heer von „Sulzbacherinnen". Es sei so recht ein Ort, meint Mieg, „wo man sich mit Bemeistern eigener Begierden stärken könne." Aber dazu kamen gewiß nicht viele hin...

Es ging mit Sulzbach wie mit allen Modebädern: solang der gute Wind weht, haben sie Zulauf weit über Verdienst, und schlägt er um, weit unter Verdienst. Nur erscheint hier alles ins Ungeheuerliche gesteigert: die Blüte wie der Verfall. Bis ins erste Kaiserreich ging's noch leidlich, unter den Bourbonen nicht mehr; es waren eben neue Bäder emporgekommen, und das Hasardhaus durfte nicht fortbestehen. Da fand sich ein tapferer, kluger und reicher Mann, der's nochmals versuchte, ein Schweizer, namens Gonzenbach; er kaufte 1842 die Quellen und that das Mögliche. Als zwei Jahre später die furchtbare Feuersbrunst die Gasthöfe und die besseren Häuser für die Kurgäste vernichtete, baute er ein großes Kur= und Badehaus, schuf Gärten und Anlagen, und gewann, da Sulzbach thatsächlich den meisten Kniebisbädern ebenbürtig, zum Teil überlegen ist, ein Stücklein des alten Rufs zurück. Da entdeckte ein Herr Schangel, an den das alte Schlößlein der Schauenburge gekommen war, auch eine Quelle, und der Kampf ging los, jeder der Konkurrenten machte die Quelle des anderen schlecht, und das Publikum glaubte beiben. Schangel unterlag zuerst, aber der arme Gonzenbach hatte auch nur einen Pyrrhussieg erfochten. Um 1895 war alles aus und die „gelbriiche, ruhmriiche" Stadt ein armes Dorf geworden.

Aber es sieht nicht aus wie andere Dörfer; mindestens auf deutscher Erde habe ich, soweit ich gewandert bin, nichts Gleiches gesehen und kaum Ähnliches. . . . Wie ich, von Peter Zindt geleitet, die erste Straße durchschritt, da sah ich freilich nur, worauf ich gefaßt war: armselige Häuslein und neben den Wegspuren Gras; höchstens die Stille und Öde konnte einem auffallen; es war gegen zehn Uhr vormittags und nirgendwo ein Mensch zu sehen. Wo die denn seien? fragte ich meinen Begleiter. Die Erwachsenen in den Weingärten, war die Antwort, die Kinder in der Schule; jedoch viel Gewimmel gäb's hier nie, auch sei lange nicht mehr jedes Haus bewohnt. Aber auf dem „Hauptplatz", da finde man immer „Lüt und liicht (vielleicht) a Wägele." Nun, diesmal war's auch dort totenstill; nur zwei Hunde dehnten sich auf dem grasbewachsenen Pflaster, und ein Brünnlein plätscherte verschlafen in der Sonnenglut. Ein mittelgroßer Platz, auf drei Seiten von dürftigen Häusern umgeben, nur eines etwas stattlicher, das Wirtshaus „Zum Müller von Sanssouci". „'s ischt unser Hotell," erläuterte Zindt; „auch Bäder thut der Wirt ausrichte, da wohne und bade unsere Kurgäscht, die Madam und die Schneiderin... Ich wiiß net, was das heut' ischt," fügte er bei, „geschtern waren drei Lüt' auf'n Platz und vorgeschtern a Wägele." Ich tröstete ihn, alle Tage könne es eben keinen solchen Verkehr geben, und wandte mich der vierten Seite des Platzes zu, die mich weitaus mehr interessierte. Hier steht eine morsche Kapelle, die Jahreszahl „1760" bedeutet jedenfalls nur den Umbau; das schmucklose Innere zeigt Mauerwerk mit verbautem, romanischen Fenster und einem gotischen Tabernakel. Eiskalt und modrig war drinnen die Luft, die Bänke staubbedeckt und die Fensterchen von Spinnengewebe überzogen. Der Raum, erläuterte Zindt, werde nur noch zu Nottaufen benutzt, und das komme kaum mehr vor; „auch die rächte

Christetauf esch schon in Sülzba eppes Rar's — wenig Lüt, arme Lüt, da kann's net viel Kindlein gebe!" An der Kapelle steht das Brünnlein, aus einer Renaissancesäule mit dem Löwen der Hattstatter kommt das Wasser, das moosbedeckte Brunnenbecken ist wohl so alt, wie die Stadt selbst. Daneben einige uralte, hohe Häuser, wacklig und verfallen, aber einst so stattlich und schön wie nur irgend deutsche Bürgerhäuser des XVI. Jahrhunderts. Ich besah sie mir aufmerksam, aber Zindt meinte: „Da habe mir in der Stadt noch ganz annere!" In der Stadt, fragte ich, da seien wir ja. „Nei," lachte er, „das isch ja d's Fohbur (Faubourg)" — in das wirkliche Sulzbach kämen wir erst. Und er wies auf die Spuren einer Umfassungsmauer und eines Tores, an dem vorbei sich zwischen den hohen Häusern ein Gäßchen öffnete.

Dies alte Sulzbach nun — wie verzaubert kam ich mir vor, als ich's durchschritt. Eine behäbige deutsche Kleinstadt so um 1600, über die jählings ein großes Sterben gekommen, daß nun die leeren Häuser sachte zerbröckeln, aber nur die Zeit hat daran gerührt und Sturm und Regen, aber keines Menschen Hand... Ein Gewirre enger, krummer Gassen und winkeliger Plätze; kleine und große, armselige und reiche Häuser mit wankenden Giebeln und bröckelnden Erkern, die Türen verschlossen, die Fenster erblindet. Keines, an dem nicht was Besonderes zu sehen wäre: hier eine stattliche, mit verwittertem Steinzierat und Farbenresten geschmückte, reichgegliederte Fassade, dort ein mächtiger, knapp über dem Erdgeschoß aufsteigender, nach oben Stockwerk für Stockwerk vorspringender Giebel, daß das Haus wie ein vorgeneigter Greis dasteht, hier wieder ein düsterer, plumper Bau wie ein Burgturm, dicke Mauern, kleine romanische Fenster, die wie Schießscharten aussehen, und dort auf schlankem, luftigen, fensterreichen Unterbau ein zierlicher mit Schnitzwerk und Balkönchen geschmückter Fachwerkbau. Und alles alt und alles verfallen, nirgendwo ein Neubau, kaum irgendwo die Spur der erhaltenden Menschenhand... Dazu die unsägliche Öde und Stille; nur einmal begegnete uns ein altes Weiblein, ein andermal guckte aus einem Fenster ein blasses Kind hervor; ich gesteh's, mich durchfröstelte es trotz der heißen Sonnenglut... Dazu die Reden meines guten Peter. „Da wohnet niemand mehr," hieß es vor jedem zweiten Hause, „die Lüt sind weggezoge." Oder „Alles verschtorbe, die Erwe möchte herzlech gern verkaufe, aber wer thut in Sülzba kaufe?!" Und von den Häusern, die noch bewohnt waren: „Dem sein Vater hat noch an Kurgäscht ä groß Stück Geld verdient; er salwer geht in die Fabrik na' Wihr!" Oder von einem der stattlichsten Häuser: „Das sin amol die riichste Lüt hier gsi, und Bürgermeischter; jetzt is er Handlanger in Colmar une sie hungert sech so durch!" Es war mir schließlich lieber, wenn der freundliche Mann schwieg, da konnte ich glauben, die Menschen seien einst ausgestorben, denn der Tod ist besser, als solches Hinsiechen und Versinken in immer größeres Elend. Aber das arme Sulzbach ist ja eben kein Toter, sondern ein Gespenst, das nicht leben noch sterben kann.

Wohl eine Stunde gingen wir so umher, die Sonne stieg immer höher, drang bis in die engsten Winkel und erhellte all den Verfall immer erbarmungsloser, und immer noch öffneten sich neue Gäßchen und Plätzchen. Und doch ist vor sechzig Jahren fast ein Drittel der Stadt verbrannt! Aber in seiner Blütezeit war ja Sulzbach eine Stadt von 2000 Einwohnern und Kurgäste gab's ebenso viele, die brauchten Raum. Jetzt sind's noch etwa 550 Seelen, unaufhaltsam geht's abwärts, 1850 waren es 1100, 1871 850, 1889 750, 1895 650 Seelen: wann wird das glänzende Städtchen von einst, das nun auch offiziell zum Dorfe herabgesunken ist, ganz verödet sein?! . . .

Die Häuser verfallen, die Menschen sterben und mit ihnen ihre Geschichten. An vielen Häusern sind noch Wahrzeichen zu sehen, eine Hand, ein Helm, ein Zwillingspaar, ein Bock und dergleichen; sie hatten alle ihre Bedeutung, aber selbst mein Führer kannte sie nicht mehr. Vielleicht, schlug er bescheiden vor, müßte der Weibel (Gemeindediener) mehr oder der Herr Schulmeister. Und da es just elf Uhr schlug und wir nah dem Schulhaus waren, so geleitete er mich dorthin.

Auch das Schulhaus ist ein altes, wackliges Häuslein, von dem ein recht schadhaftes Trepplein auf den Platz hinabführt, aber mir war's, als fiele mir ein Alp von der Brust, als ich davor stand. Denn da waren doch Menschen, kleine, lustige, zappelige Menschen, die lachend und sich puffend das Treppchen hinabturnten. Oben aber erschien der Schulmeister, ein kleiner Mann, in

etwas stark benutztem Rock, aber mit einem strengen
Antlitz und so würdevollem Wesen, wie ich es nur
noch einmal im Leben an einem Menschen gesehen
habe. Aber dieser Mensch war ein Berliner Kanzleirat.

Die Wahrzeichen von Sulzbach hat mir der Würdige
nicht erklärt, aber dafür sollte ich mit ihm etwas so
Lustiges erleben, daß ich's erzählen muß.

Ich trat, während mich die Schulkinder neugierig
beguckten, an das Treppchen heran und wollte es
eben emporsteigen, als mich eine abwehrende Hand=
bewegung des Schulmeisters zurückhielt. Da blieb ich
denn unten stehen und zog den Hut.

„Was wünschen Sie?"

Ich brachte schüchtern mein Anliegen vor.

Der Herr Lehrer zog die Augenbrauen empor.
„Namen, Wohnort und Beschäftigung?" fragte er.
Ich gab Bescheid.

Da trat der Würdige vor, steckte die Hand in den
Rockausschnitt, wie Zeichner zopfige Beamte karikieren,
und sprach also — ich hab's mir sofort in's Notiz=
buch geschrieben und kann's daher wörtlich wiedergeben:

„Ich bin Herr N. I., Hauptlehrer hiesiger Knaben=
und Mädchenschule und nicht minder Dirigent der=
selben. Ihre Bitte muß ich ablehnen. Denn erstlich
beginnt jetzt meine, der Muße gewidmete Erholungs=
zeit. Zum zweiten kümmere ich mich nicht um die
Altertümer dieses Dorfes, was ja mehr die Bauern,
als einen gebildeten Herrn angeht. Zum dritten
aber ist für solches der Weibel da, an welchen sich
zu wenden ich anheimstelle."

Starr und stumm stand ich da und neben mir Peter Zindt und um uns beide die Kinder. Da klang es plötzlich aus einer Ecke, die wohl ich übersehen konnte, aber nicht der Würdige oben, von drei hellen Kinderstimmen:

„Bannwärt, Bannwärt,
'ẜch hätt' Triewe geẜchtohle!"

Das heißt hochdeutsch: „Bannwart (Flurschütz), man hat Trauben gestohlen!" Die verborgenen Sänger wiederholten es unablässig; die anderen Kinder brachen in wildes Lachen und Johlen aus; auch Zindt lächelte, der Würdige aber wurde krebsrot und verschwand. Ich erzähle, wie ich's gesehen habe; was es bedeutete, ist mir nicht klar geworden.

Peter Zindt war betrübt... „Ich bin nur a Rebma'", sagte er, „aber ich muß sage: das iẜch net rächt gẜi von dem Herrn N. J." Er begründete es auch sehr eingehend; vor langen Zeiten hätten „alle Doktors" über Sulzbach geschrieben, jetzt aber kümmere sich niemand um den Ort. „Kommet nun einer und will's beschriiwe, so müẜch ma's frundli verstatte, auch fein drum bitte, 's wär a (auch) davor a Gläsle Wein net z'viel!" Und nun sei ich so abgekanzelt worden. Aber nun wolle er mindestens den Weibel holen. Er lief nach dessen Hause und kam betrübt wieder: „Er kann net! Er hat ſi' den Moge mit Flume (Pflaumen) vollg'schlage und hat Buuchweh!" Da führte mich Zindt selbst weiter, obwohl dies nicht blos seine der Muße gewidmete Erholungszeit, sondern sogar seine Mittagszeit war.

Zunächst ging's wieder durch eine totenstille, alte Straße, zum „Schauenburger Schlößle". Es ist ein Bau des XV. Jahrhunderts, finster, plump und schmucklos, die überaus dicken Mauern mit einer feuchten Moderschicht überzogen; ein Eckturm steht noch und verfallene Ringmauern sind noch erkennbar. Wie's so in all seiner Düsterkeit vor einem liegt, könnte man viel eher glauben, das sei ein Gefängnis gewesen, als der Wohnsitz eines wohlhabenden, regsamen Geschlechts. Und noch weniger sieht's einem modernen Kurhaus ähnlich, und doch hat es durch zwanzig Jahre auch diese Aufgabe erfüllt; hier hauste Gonzenbachs Konkurrent Schangel. Hinter dem Haus ließ er die Bäder errichten; der Bau verfällt nun und liegt schon halb in Trümmern. Blickt man hinein, so sieht man die Mäuse lustig durch die Kabinen jagen, an einem der Fenster aber klebt noch heute eine pomphafte Anzeige der Eröffnung am 24. Juni 1876: „Das Wasser dieser neuen Quelle kann vermittels der Analyse den besten und bekanntesten Säuerlingen zugestellt werden. Es ist nicht nur sehr geeignet, eine schwache Gesundheit zu erstärken, sondern ist, auch mit Wein vermischt, ein angenehmes Trinken." Nun, das ist ja kein angenehmes Lesen, und der Verfasser kann gewiß nicht den ersten Stilisten zugestellt werden; aber an ihm lag's nicht, wenn alles mißriet. Auch an der Quelle nicht, die wirklich heilkräftig war, wenn auch die kaum noch leserliche Inschrift an einem Täfelchen im Garten: „Supérieure aux autres eaux similaires par sa grande quantité de fer" etwas zu viel behauptet. Aber schließlich lohnte sich nicht einmal die Erhaltung ihrer Fassung, und so versickerte sie. Im Garten jedoch ringsum sproßt lustig das Unkraut, und der einst mißhandelte Taxus wächst nun wie ihm beliebt und macht die schmalen Pfade ungangbar.

Vom „Schlößle" ging's einen engen Weg, an Resten der alten Stadtmauer vorbei, dann in einer Lücke zwischen dieser Mauer zum „Kurhaus Gonzenbach". Ein großer, dreistöckiger Bau, zu beiden Seiten sind im Rechteck zwei mächtige Flügel angebaut, sichtlich eine Nachahmung moderner französischer Schloßbauten. Auch hier ein großer verwilderter Garten, durch den man sich mühselig den Weg bahnen muß; auch hier, wenn man rings ums Haus geht, der Blick in verfallende Korridore und zerbröckelnde Badezellen und auch hier keine Menschenseele. „Ist das Haus bewohnt?" fragte ich meinen Führer, als ich von allen Seiten, auch vorne hinaus, die Fensterläden geschlossen sah. „Aawer joo!" rief er eifrig. „Hier ischt do der Versand von ünser ruhmriich Wasserle." Und er führte mich in eine Halle im linken Flügel. Dort öffnete sich im Boden der Schacht des Brunnens. Unten stand ein Junge, der gemächlich eine Flasche nach der anderen füllte und dann mit einem Verschlusse versah, wie man ihn an Seltersflaschen sieht. Nachdem er ein Dutzend beisammen hatte, stieg er aus dem Schacht und beklebte sie mit einer Etikette: „Quelle Gonzenbach. Genehmigt durch die Kaiserl. Universität. Charles Mann, Eigentümer, Sulzbach." Daß die 1872 begründete Universität Straßburg die

1603 entdeckte Quelle ihrerseits „genehmigt" habe, konnte mich nicht wundern; sie wäre eben sonst ohne Genehmigung ins vierte Jahrhundert ihrer wechselvollen Existenz eingetreten, wohl aber war mir das Tempo dieses modernen Brunnenversands verwunderlich, denn derselbe Junge packte auch die Flaschen in eine Kiste. Ob er dann die Kiste auch zur Bahn führe, fragte ich den Jungen. „Joo," erwiderte er stolz, „der Herr Mann, der Herr Schaw und ich mache all's salwer (selber)." Dann reichte er mir ein frisch gefülltes Glas. Es schmeckte etwas säuerlich und moussierte; ein ganz angenehmes Getränk, das die geforderten zehn Pfennige wert war.

Ich wollte zur Erinnerung einen Prospekt des Unternehmens mitnehmen und ging darum ins Bureau. Drinnen saß der Thür zunächst an einem Pult ein junger Bursche, und ihm gegenüber ein dicker, rotbackiger Mann, beide der Hitze wegen in Hembärmeln. Ich unterbrach sie leider in einer sommerlichen Bureauarbeit, in die sie sehr vertieft waren; der junge Mensch fing Fliegen, und der dicke Mann nickte vor sich hin. Bei meinem Eintritt fuhren sie auf, und der junge Mann fragte: „Wolle Sie a Kommande mache?" Nein, ich bäte nur um einen Prospekt. „Pour quoi faire?" fragte der Dicke. „Das Wasser kennt so scho jeder!" Ich wollte mich eben darüber unterrichten, ich sei ein Fremder und kennte es noch nicht. — „Woher?" Ich sagte es. Er wurde mißtrauisch. „Berlin?" wiederholte er langgedehnt. „Votre profession?" — „Schriftsteller!" — „Aha! Da isch aber dann Ihre Müh verthan. Ich lass' beim Herrn Saile in Colmar drücke und hab' billigschte Preis!" — "Nein," klärte ich auf, "nicht Schriftsetzer, sondern Litterat!" Da kämen wir noch weniger in ein Geschäft, war seine Antwort, er inseriere nicht. "Das Sulzbacher Wasser ischt das bescht', l'Europe entière le sait!" Auch ein Inserat wollte ich nicht, beteuerte ich, nur einen Prospekt. Da bekam ich ihn endlich und wollte gehen. Aber da hatte inzwischen der Dicke mit dem Jungen gezischelt und rief mich zurück; ich sollte mit Stolz erfahren, daß die Presse auch in Sulzbach als Großmacht gilt. "Ich bin der Herr Charles Mann aus Ensisheim," sagte der Dicke freundlich, "der Propriétaire von der source und wollt' Ihne saje: lasse Sie sich unten a Glasle gebe — c'est gratuit — vous comprenez — totalement gratuit. Bon voyage, monsieur!"

Der Prospekt, den ich mir so sauer errungen hatte, ist kurz und kräftig gehalten. Der chemischen Analyse folgt der Satz: "Daraus geht hervor, daß dieses Wasser unter allen bestbekannten Mineralwassern den ersten Rang einnimmt." Auch wird es "als sicheres Heilmittel mit nachweislichem Erfolge von den höchsten ärztlichen Autoritäten verordnet."

Es war längst Mittag und mein guter Zindt wahrscheinlich noch hungriger als ich. Dennoch führte er mich noch zu der Stelle, wo einst das "Kühele" die Quelle entdeckt haben soll — es ist aber nichts mehr zu sehen, als morsche Bretter, die den Schacht verdecken — und durchschritt dann mit mir getreulich wieder die gespenstische alte Stadt, bis wir am Hauptplatz standen. Meine Einladung zu einem kleinen Imbiß und einem Gläschen Wein schlug er zunächst rund ab; er könne leider mich nicht einladen, aber umgekehrt schicke sich's nicht. Nun, schließlich ging er doch mit zum „Müller von Sanssouci", und wir aßen Münsterkäse und tranken Wein, denn „'s Fleisch reichet nur für die Kurgäscht". Der Wirt mochte von meinem Begleiter erfahren haben, wer ich sei, denn er setzte sich zu uns und unterhielt mich von seiner Loyalität gegen die deutsche Regierung. Ich fragte, woher sein Schild rühre. „Vom Großvater," war die Antwort, der sei Müller gewesen, habe so geheißen und sich darum den berühmtesten aller Müller zum Patron gewählt. Auch im Bild war die Potsdamer Mühle zu sehen. Dann erzählte mir der Mann, der mich in seiner schlauen Schmiegsamkeit immer wieder an den „Herrn Maire" in Gustav Stoßkopfs gleichnamigem Lustspiel erinnerte, von seiner Entdeckung einer neuen Quelle, die nun sein Badehaus speise. Ein vortreffliches Wasser, wie auch die Analyse ergebe. Mein Freund Zindt ermunterte ihn, sie mir zu zeigen, aber davon wollte der Wirt nichts wissen. Endlich kam er doch mit dem Schriftstück angerückt. Da sei, sagte er, ein „Malheurle" passiert. Man habe ihm gesagt, die Analyse eines für Heilzwecke bestimmten Wassers koste mehr, als die eines gewöhnlichen Brunnens, und darum habe er bei der Einreichung seinen Zweck verschwiegen. „Das thut ja nichts," tröstete ich, „der Chemiker hat gewiß auch so die Wahrheit geschrieben." — „Das scho'," sagte der Wirt, „awer — lese Sie!" Und ich las. Der Analyse war folgender Schlußsatz beigefügt:

„Eine unangenehme Beigabe aber ist der große Eisengehalt, der die Gebrauchsfähigkeit beeinträchtigt. Da das Wasser aber einem frisch gegrabenen Brunnen entspringt, so ist es nicht unmöglich, daß das Eisen nur im Anfang vorhanden ist und allmählich verschwindet.

Der Vorstand des Laboratoriums der Kais. Polizei=Direktion zu Straßburg.
Dr. Carl Heckner."

Dies die Empfehlung für ein neues Eisenbad! Ich mußte lachen, daß mir die Thränen über die Backen liefen, und die beiden Männer stimmten ein. Dann fragten sie, wie mir der Wein schmecke und strahlten, als ich ihn nach Gebühr lobte; die Burgunder Reben haben sich hier gut akklimatisiert. Das möge ich aber auch, bat Peter Zindt, „dene Lüt in Wihr" erzählen, damit sie ihre Schandreden einstellten. Und nun erfuhr ich endlich, was sie eigentlich sagten. Da die Sulzbacher Reben auf der Nordseite des Thals wachsen, so sind sie etwas dickschalig und reifen spät. Um nun diese Härte und Zähigkeit der Schale zu verhöhnen, sagen ihnen die Wihrer nach, die Sulz=bacher bestimmten die Zeit der Weinlese so: Nachdem alle anderen Leute im Elsaß ihren Wein bereits ein=gebracht, gingen sie mit ihrem Maire auf die Spitze des Rebenhügels ob der Kirche, füllten einen Sack mit Trauben, setzten den Maire darauf und schleiften ihn zu Thal. Sitze der Maire, unten angekommen, trocken, so werde noch zugewartet; sitze er feucht, so folge nun die Sulzbacher Weinlese. Ich tröstete, vor bösen Zungen sei eben der beste Wein nicht sicher. Darauf Zindt: ja, wenn sie nur mehr Weinberge hätten, dann könnte das Dorf fortbestehen. So aber gehe es zugrunde. Er hatte feuchte Augen, als er dies sagte, und auch ich war ergriffen.

Zum Abschied geleitete er mich noch zum Dorfe hinaus bis nah an die Kirche. Auf jenem Bänklein, auf dem er mir die Geschichte von Sulzbach erzählt hatte, saßen eine dicke und eine dünne Frau in ärmlicher, städtischer Tracht; die eine strickte, die andere nähte. Peter Zindt grüßte sie freundlich, ja unterwürfig: „Bonsüaar, gute Abend! ... Ünsere zwei Kurgäscht!" flüsterte er mir zu.

Armes Sulzbach! Vielleicht sind's überhaupt seine letzten Kurgäste.

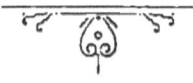

www.ingramcontent.com/pod-product-compliance
Lightning Source LLC
Chambersburg PA
CBHW021950290426
44108CB00012B/1018